北京市康达律师事务所
BEIJING KANGDA LAW FIRM

康达文库　　　　丛书主编
律师解读司法观点丛书　　唐 新 波

证券违法犯罪案件裁判精要

主　编
唐新波

副主编
赵玉来　王　敏

知识产权出版社
全国百佳图书出版单位
—北 京—

图书在版编目（CIP）数据

证券违法犯罪案件裁判精要/唐新波主编 . —北京：知识产权出版社，2022.9
（律师解读司法观点丛书）
ISBN 978 - 7 - 5130 - 8317 - 1

Ⅰ.①证… Ⅱ.①唐… Ⅲ.①证券交易—刑事犯罪—案件—处理—中国
Ⅳ.①D924.334

中国版本图书馆 CIP 数据核字（2022）第 156862 号

策划编辑：庞从容   责任校对：王　岩

责任编辑：赵利肖   责任印制：刘译文

证券违法犯罪案件裁判精要

唐新波　主编

赵玉来　王　敏　副主编

出版发行：**知识产权出版社** 有限责任公司   网　　址：http：//www.ipph.cn

社　　址：北京市海淀区气象路 50 号院   邮　　编：100081

责编电话：010 - 82000860 转 8725   责编邮箱：2395134928@ qq. com

发行电话：010 - 82000860 转 8101/8102   发行传真：010 - 82000893/82005070/82000270

印　　刷：三河市国英印务有限公司   经　　销：新华书店、各大网上书店及相关专业书店

开　　本：720mm×1000mm　1/16   印　　张：11.25

版　　次：2022 年 9 月第 1 版   印　　次：2022 年 9 月第 1 次印刷

字　　数：200 千字   定　　价：78.00 元

ISBN 978 - 7 - 5130 - 8317 - 1

序

由康达律师事务所律师们编写的"律师解读司法观点丛书"陆续出版了，这是有着30多年历史的大所立足丰富的办案经验，对经典案例和典型司法观点的系统总结，是律师界的一件大事，可喜可贺！

随着裁判文书的公开，人们可以查询详尽的案件信息，也为我们深入研究法官如何裁判提供了便利。在对已经公开的裁判文书进行研究的过程中，人们也发现了一些问题，同案不同判的情况不仅在不同法院存在，甚至个别地方同一法院也存在这一现象，引人关注，值得深思。

应当说，如何认定案件事实以及如何进行法律适用与法官的认识密不可分，法官的认识反映到判决里，就形成了司法观点。近代以来，我国深受成文法法律传统影响，案例不得作为法律渊源直接引用，但是同案不同判的问题亟待解决，就此而言，解读司法观点就是一个很好的探索。最高人民法院经常会发布指导性案例，审判实践中法官也会判后释法，康达所的律师们通过对最高人民法院和地方各级人民法院具有典范意义案件进行分析，提炼出典型司法观点，并进行解读，具有积极意义。这项工作一可以梳理和总结律师的执业经验，二可以向群众普法，三可以给法律职业共同体提供借鉴。律师们工作紧张繁忙，能够抽出时间编写本丛书，实在是难能可贵。

2020年新冠肺炎疫情期间，康达律师在深入研究的基础上，分工合作，按照最高人民法院的案由，选取经典案例，精练总结司法观点，开启了本丛书的编写。作为有历史、有底蕴的大所，康达所不仅承办过不少有重大影响的案件，还关注有关实务和理论问题，值得嘉许！

《民法典》已经于2020年5月28日由十三届全国人大三次会议表决通过，并于2021年1月1日施行，希望康达律师结合学习和研究《民法典》的心得体会，把学习和研究成果融入丛书的编写中。

期待康达律师更多更好的作品，祝愿康达律师事务所越办越好。

是为序。

中国人民大学法学院

2021年3月于中国人民大学明德法学楼

主要法律文件"全称—简称"对照表

全　称	简　称
《中华人民共和国证券法》	《证券法》
《中华人民共和国刑法》	《刑法》
《中华人民共和国刑法修正案（二）》	《刑法修正案（二）》
《中华人民共和国刑法修正案（三）》	《刑法修正案（三）》
《中华人民共和国刑法修正案（四）》	《刑法修正案（四）》
《中华人民共和国刑法修正案（五）》	《刑法修正案（五）》
《中华人民共和国刑法修正案（六）》	《刑法修正案（六）》
《中华人民共和国刑法修正案（七）》	《刑法修正案（七）》
《中华人民共和国刑法修正案（八）》	《刑法修正案（八）》
《中华人民共和国刑法修正案（十）》	《刑法修正案（十）》
《中华人民共和国刑法修正案（十一）》	《刑法修正案（十一）》
《中华人民共和国刑事诉讼法》	《刑事诉讼法》
《中华人民共和国公司法》	《公司法》
《中华人民共和国证券投资基金法》	《基金法》
《中华人民共和国行政处罚法》	《行政处罚法》

目　录

第一章　证券违法犯罪概述

一、证券违法犯罪的相关概念界定

改革开放让我国重新融入国际社会之中，也使我国社会发生了翻天覆地的变化，因而产生了广泛且深远的影响。在这样的形势下，我国也进入了大规模的社会转型。[1]与之相伴而生的是一些社会矛盾的激化，各类社会冲突以及犯罪不断增加。[2] 1992 年以后，我国政府确立了建立社会主义市场经济体制的目标，而市场经济被视为法治经济，所以法律被赋予了为经济"保驾护航"的功能。由此，建立与社会主义市场经济相适应的法律制度和体系也成了现代化建设的一个任务，此后的立法、执法以及司法等活动均与此密切相关。在证券领域，法律制度的建设与证券违法犯罪现象的发生和发展是密不可分的，国家司法政策的变化也与社会的不断发展相适应。

我国金融实践中所称的证券实际上是狭义的证券，"是指有价证券中的资本证券，其分为股权证券和债权证券，即股票和债券"。[3]我国证券、期货市场经历了 30 余年的发展已经深度融入经济社会运行中，成为人们关注的社会热点。随着证券、期货市场的大发展，金融领域的违法犯罪现象层出不穷，呈现出日益严重的趋向。在证券领域，我国的刑事立法是以出台刑法修正案的方式向前推进的，这种推进包括增设罪名、修改完善罪状、修改法定刑的设置等方面。

---

〔1〕　社会转型是来自西方的概念，国内学者习惯描述性地使用它。参见宫志刚：《社会转型与秩序重建》，中国人民公安大学出版社 2004 年版。

〔2〕　关于转型期社会冲突和犯罪方面的文献，可参考纪荣荣：《论现阶段我国城市化与犯罪的关系》，载《南京社会科学》1992 年第 2 期，第 80—84 页；向德平、田北海：《转型期中国社会失范与社会控制研究综述》，载《学术论坛》2003 年第 2 期，第 119—124 页；等等。

〔3〕　刘宪权、谢杰：《证券期货犯罪刑法理论与实务》，上海人民出版社 2012 年版，第 2 页。

《证券法》与《刑法》作为证券领域两部重要法律，从多个角度调整了该领域的失范行为。

（一）证券违法行为

在我国证券市场的发展演变过程中，混乱和无序的现象普遍存在。证券市场经历了从无序到有序、从无法可依到有法可依的发展过程。换言之，往往是先有违法犯罪行为，然后才有明确的规则。随着我国法治化进程不断推进，法律渗透了社会生活的各个方面，法律手段逐渐成为社会治理的主流方式。就法律制裁而言，它可以分为民事制裁、行政制裁和刑事制裁，对于当事人而言，其所负的责任相对应的就分为民事责任、行政责任和刑事责任。

证券违法行为是指证券领域中违反相应法律、法规、规章的相关规定，应当承当民事责任或者行政责任的行为。例如：违反《证券法》的有关规定，泄露申请文件内容；在公开或公布招股说明书之前出售证券；未按规定公开或公布报告书和招股说明书；股东没有向主管机关报告按规定应当报告的有关事项；等等。证券违法行为对应的法律责任是民事责任和行政责任，与证券犯罪所对应的刑事责任有很大的区别。

（二）证券犯罪的含义

对于证券犯罪，我国在相当长的一段时间内刑事立法是很少的。1997 年修订的《刑法》把金融领域的犯罪明确纳入其中，标志着我国金融监管的法律体系逐步建立。关于证券犯罪，主要在《刑法》第三章第四节"破坏金融管理秩序罪"中进行了规定，形成了相对独立的证券犯罪刑法规制体系。

对于证券犯罪的概念，我国刑法学界主要有广义说和狭义说两种观点。广义说认为，证券犯罪是指所有与证券有关的犯罪，既包括违反证券法律规定的操纵市场、内幕交易等犯罪，也包括与证券发行和交易有关的诈骗、贿赂、挪用公款等犯罪。[4] 狭义说则认为，证券犯罪是与证券投资紧密关联的犯罪，包括欺诈发行股票、债券罪，违规披露、不披露重要信息罪，背信损害上市公司利益罪，背信运用受托财产罪等与证券期货投资直接关联的犯罪，以及内幕交易罪，

---

[4] 参见李文胜、张文：《试论我国刑法典目前应明确规定的几种证券犯罪》，载《中外法学》1997 年第 1 期。

操纵证券、期货市场罪等完全属于证券投资领域的犯罪。[5] 就证券领域的犯罪而言，上述狭义说比较适当，较为明确地界定了哪些行为属于证券犯罪。

证券犯罪整体上属于金融领域的犯罪，而金融犯罪在立法上有比较明显的入罪历程。2008 年，全球金融危机让"有毒"证券、期货产品以及证券违法犯罪行为对于金融乃至实体经济的破坏的严重后果浮出水面，其影响力不亚于一场大型的战争，引起了人们极大的震动，使得金融领域的刑事立法进一步完善变得更为迫切。

二、证券违法犯罪行为涉及的罪名及犯罪构成要件

与世界发达国家的立法一样，我国刑事立法对证券、期货市场的介入有一个渐进式的过程，在这个过程中，立法中的一些不协调之处逐渐得到修改。例如，从 1997 年《刑法》将严重的证券违法行为列为犯罪开始，到《刑法修正案（六）》修改操纵证券、期货市场罪以及《刑法修正案（七）》新增利用未公开信息交易罪，都体现了刑事立法完善的过程，也是利用刑事手段调控证券、期货市场的过程。

（一）证券犯罪的罪名

就《刑法》与《证券法》规定的内容而言，证券违法犯罪行为涉及的刑事罪名主要是《刑法》第 160 条、第 161 条、第 178 条、第 179 条、第 180 条、第 181 条、第 182 条、第 185 条、第 229 条等规定的证券犯罪的 13 个罪名；《证券法》第 188 条至第 230 条等共 43 个条文规定了证券违法行为的行政责任。虽然《刑法》规定的涉及证券领域犯罪的罪名有 10 多个，但是证券领域犯罪的案例与盗窃罪、故意伤害罪、交通肇事罪等常见的犯罪相比，数量偏少。然而，这些案例具有一定的典型性，值得认真分析。

在我国的刑事立法中，证券犯罪比较集中地规定于《刑法》第二章第四节"破坏金融管理秩序罪"中，比较典型的 9 个罪名为：伪造、变造国家有价证券罪，伪造、变造股票、公司、企业债券罪，擅自发行股票、公司、企业债券罪，内幕交易、泄露内幕信息罪，利用未公开信息交易罪，编造并传播证券、期货

---

[5]　参见最高人民检察院法律政策研究室、中国证券监督管理委员会法律部编著：《证券期货犯罪司法认定指南》，中国人民公安大学出版社 2009 年版，第 1 页。

交易虚假信息罪，诱骗投资者买卖证券、期货合约罪，操纵证券、期货市场罪，背信运用受托财产罪。《刑法》第三章第三节"妨害对公司、企业的管理秩序罪"中欺诈发行证券罪［《刑法修正案（十一）》第 8 条］与违规披露、不披露重要信息罪 2 个罪名也是典型的证券犯罪。《刑法》第三章第八节"扰乱市场秩序罪"中，提供虚假证明文件罪、出具证明文件重大失实罪［《刑法修正案（十一）》第 25 条］2 个罪名也是典型的证券犯罪。综合上述情况，本文梳理了证券犯罪的典型罪名，详见表 1-1。

表 1-1　《刑法》涉及证券犯罪最新罪名一览表

《刑法》分则第三章 破坏社会主义市场经济秩序罪		
第三节　妨害对公司、企业的管理秩序罪（2）		
1	欺诈发行证券罪	刑法第 160 条［《刑法修正案（十一）》第 8 条］
2	违规披露、不披露重要信息罪	刑法第 161 条
第四节　破坏金融管理秩序罪（9）		
3	伪造、变造国家有价证券罪	刑法第 178 条第 1 款
4	伪造、变造股票、公司、企业债券罪	刑法第 178 条第 2 款
5	擅自发行股票、公司、企业债券罪	刑法第 179 条
6	内幕交易、泄露内幕信息罪	刑法第 180 条第 1 款、第 2 款、第 3 款
7	利用未公开信息交易罪	刑法第 180 条第 4 款
8	编造并传播证券、期货交易虚假信息罪	刑法第 181 条第 1 款
9	诱骗投资者买卖证券、期货合约罪	刑法第 181 条第 2 款
10	操纵证券、期货市场罪	刑法第 182 条
11	背信运用受托财产罪	刑法第 185 条之一第 1 款
第八节　扰乱市场秩序罪（2）		
12	提供虚假证明文件罪	刑法第 229 条第 1 款、第 2 款［《刑法修正案（十一）》第 25 条］
13	出具证明文件重大失实罪	刑法第 229 条第 3 款［《刑法修正案（十一）》第 25 条］

（二）证券犯罪的构成要件分析

《刑法》分则第三章"破坏社会主义市场经济秩序罪"的第三节、第四节、第八节对典型的证券犯罪进行了明确的规定。虽然每个罪名都有其犯罪构成要件，有的还很有特殊性，但是从总体上把握证券犯罪的犯罪构成也具有重要的意义。对于涉及证券业务刑事合规的问题，也可以从犯罪构成要件的角度进行分析，从而将合规审查作为业务的重要方面，以避免刑事风险。

1. 证券犯罪的主体

刑法通说认为，犯罪主体是指实施危害社会的行为、依法应当负刑事责任的人和单位。在证券市场中存在着多种法律关系，既有民事法律关系，例如证券代理、证券交易等，又有行政法律关系，如证券监管等。这些法律关系存在交叉，也是错综复杂的。在证券市场中，存在证券的发行人、经营者、监管者、投资者、中介者等，这些都是证券市场中法律关系的主体。"从某种意义上说，证券犯罪就是这些主体之间相互侵害的行为。这种划分可以回答证券犯罪中'谁加害于谁'的问题。"[6]所以，对于证券犯罪而言，犯罪的主体既包括单位，也包括自然人，需要在每个罪名中对犯罪主体予以具体分析。

2. 证券犯罪的主观方面

我国刑法理论一般认为，证券犯罪"属贪利性犯罪，因此主观方面多为故意，且主要表现为直接故意"[7]。《刑法》中的直接故意是指行为人明知自己的行为会发生危害社会的结果，并希望这种结果发生的心理态度。在证券犯罪中，直接故意主要是指行为人明知自己的行为违反了《刑法》《证券法》等法律法规的相关规定，破坏了证券市场秩序，侵害了投资者的合法权益，却仍希望上述结果发生。

对于行为人是否有故意，司法机关主要通过对行为人行为的推定来予以认定，这就意味着行为人不知法不是其行为不构成犯罪的理由。

3. 证券犯罪的客体

对于证券犯罪所侵害的客体，学者的认识存在分歧。有的学者主张，证券犯罪的客体是国家对股票市场管理的正常活动[8]有的学者主张，证券犯罪的客体是证券发行与交易秩序[9]刑法学界的通说认为："证券犯罪侵害的客体是证券市场的正常管理秩序和投资者的合法权益。"[10]通说的观点比较符合这种类型犯罪的特点，也说明了该种犯罪所危害的对象。

---

[6] 刘宪权、谢杰：《证券期货犯罪刑法理论与实务》，上海人民出版社2012年版，第57页。
[7] 刘宪权、谢杰：《证券期货犯罪刑法理论与实务》，上海人民出版社2012年版，第59页。
[8] 参见林劲松：《股票犯罪研究论纲》，载《江海学刊》1993年第2期。
[9] 参见王晨：《证券期货犯罪的认定与处罚》，知识产权出版社2008年版，第23页。
[10] 刘宪权、谢杰：《证券期货犯罪刑法理论与实务》，上海人民出版社2012年版，第53页。

4. 证券犯罪的客观方面

证券犯罪的客观方面是指，《刑法》所规定的应当受刑法处罚的行为，以及该种行为造成或可能造成的危害后果。对于不同的犯罪而言，其客观方面是有很大差别的。就证券犯罪而言，证券犯罪的客观方面"是指行为人违反证券、期货法律法规，在从事证券、期货发行、交易、管理、中介及其他相关活动中，侵害投资者合法权益，情节严重的行为"[11]。上述行为的具体形态在《证券法》和《刑法》的条文中以及相关的司法解释中都有规定，需要具体到每个罪名予以分析。这个概念也表明，证券违法与证券犯罪客观方面的差异往往只是行为的严重程度不同而已。在各种证券违法行为中，《刑法》选择的是一些社会危害性比较大、必须进行刑法处罚的行为加以规定。

三、证券违法犯罪的发展趋势与国家的司法政策导向

我国证券犯罪的罪名以及案件数量是比较少的。以内幕交易罪为例，1997年《刑法》中已经设立了该罪名，但是司法机关查处的第一起该类刑事案件是在 2003 年。这就表明，在前期司法机关对于证券犯罪的态度是比较宽容的，不会轻易启动刑事程序。

（一）监管机构对于证券领域的违法犯罪逐渐加大打击力度

随着我国资本市场的迅速发展，证券犯罪的案件也呈逐年上升态势，投资者和社会公众对此反应强烈。监管机构和司法机关也顺应社会需求，对该类行为经历了从不轻易入罪到从宽处理再到"零容忍"加大打击力度的演变。1997年至 2021 年 3 月，我国陆续出台了 11 个刑法修正案，这些修正案体现了司法机关对于证券违法犯罪的容忍度降低，变为严厉打击。

在这 11 个修正案中，只有《刑法修正案（二）》《刑法修正案（三）》《刑法修正案（四）》《刑法修正案（五）》《刑法修正案（八）》《刑法修正案（十）》没有关于金融犯罪的修改，其余的修正案中有很多关于金融犯罪的修改。这些修正案扩大了金融犯罪圈。刑法修正的过程反映了人们对证券、期货市场以及证券违法犯罪行为认识上的进步，也反映了立法者对维护证券市场秩序的

---

〔11〕 刘宪权、谢杰：《证券期货犯罪刑法理论与实务》，上海人民出版社 2012 年版，第 54 页。

决心。在金融犯罪领域，立法上如此大规模地将一些行为入罪，主要的原因应当是当前金融违法犯罪行为不断翻新、层出不穷，对社会产生了很大危害，从而需要打击。在社会公众眼中，只有通过最严厉的刑罚来制裁这样的行为，才能维护社会安宁，稳定金融市场。

2015 年以后，中国证券监督管理委员会（以下简称"证监会"）和司法机关对于证券违法犯罪行为的打击力度日益加大，体现了从严处理的特点。自 2019 年 7 月 1 日起，《最高人民法院 最高人民检察院关于办理操纵证券、期货市场刑事案件适用法律若干问题的解释》和《最高人民法院 最高人民检察院关于办理利用未公开信息交易刑事案件适用法律若干问题的解释》开始施行。

（二）政策面对证券违法犯罪释放出了"零容忍"的强烈信号

2020 年 11 月 2 日，中央全面深化改革委员会第十六次会议审议通过《关于依法从严打击证券违法活动的若干意见》，表明政策面对证券违法犯罪释放出了"零容忍"的强烈信号。

2020 年 11 月 6 日，最高人民检察院、证监会联合通报了 12 起证券违法犯罪典型案例。该通报称，2017 年至 2020 年 9 月，全国检察机关共批准逮捕各类证券期货犯罪 302 人，起诉 342 人。其中，2020 年 1 月至 9 月批准逮捕 102 人，起诉 98 人，同比分别上升 15% 和 27%。[12] 与之相对应的是，《刑法修正案（十一）》也加大了对证券犯罪的打击力度。

《刑法修正案（十一）》重点修改了证券关联犯罪的罪名，与 2019 年 12 月修订的《证券法》是有密切联系的。2021 年 3 月 1 日正式实施的《刑法修正案（十一）》大幅提高了欺诈发行、信息披露造假、中介机构提供虚假证明文件和操纵市场等四类证券犯罪的刑事惩戒力度，对于证券市场而言非常重要。

《刑法修正案（十一）》提高了部分证券犯罪的法定刑，例如将欺诈发行股票、债券罪的法定最高刑由 5 年提高为 15 年有期徒刑，将违规披露、不披露重要信息罪的法定最高刑由 5 年提高为 10 年有期徒刑。因此，新闻媒体称，《刑法修正案（十一）》实施在即，证券犯罪刑事惩戒力度提升，专家认为有助于将

---

[12] 《12 个证券违法犯罪案例发布，涉及欺诈发行股票、违规披露等》，第一财经网，https://www.so-hu.com/a/429965882_114986，2020-11-06。

证券期货犯罪"零容忍"要求落到实处。[13]

鉴于以上情况，本书选择了一些典型案例对证券领域的违法与犯罪行为进行解析。本书选择的案例都是有代表性的，案例的分析重点不是揭示所有案件发生发展的来龙去脉，而是以案例为典型，说明相关犯罪的构成要件，并研究如何防范。

---

[13] 参见昝秀丽：《刑法修正案（十一）实施在即 证券犯罪刑事惩戒力度提升》，中国证券报-中证网，https://finance.sina.com.cn/tech/2021-01-19/doc-ikftssan8062533.shtml，2021 年 1 月 19 日。

第二章 伪造、变造国家有价证券

一、伪造、变造国家有价证券罪概述

国家有价证券主要包括国家发行的国库券以及其他有价证券。国家发行有价证券是国家向公众融资的一种方式，其与国家信誉、社会稳定息息相关，必须进行严格有效的管理。在我国，伪造、变造国家有价证券的行为于 1997 年在《刑法》中被明确规定为伪造、变造国家有价证券罪，该罪为选择性罪名，分为伪造、变造两种违法行为方式。

（一）伪造国家有价证券与变造国家有价证券的概念

"伪造国家有价证券罪，是指为达到使用的目的，伪造国库券或者国家发行的其他有价证券，数额较大的行为；变造国家有价证券罪则是指无权变更国库券或者国家发行的其他有价证券，使用涂改、挖补等方式，改变有价证券所记载的日期、数额等内容的行为。"[1]

所谓伪造，是指仿照有价证券的图案、形式、颜色、面值、格式等外在形态特征，通过复印、绘制、印刷等方法制作假证券的行为，使非有价证券摇身变成"有价证券"，是"从无到有"的假。所谓变造，是指对真实有效的有价证券使用涂改、挖补、拼凑、剪接、覆盖等方式进行加工，使其主要内容如发行的面额、发行期限或张数等发生改变的行为。其是在"真"的基础上变"真"的少为多，使真的有价证券变成非原来的有价证券。

可见，两种行为的区别集中于证券本身是否是真实的国家发行的有价证券，

---

[1] 曾粤兴：《新刑法通论》，法律出版社 1997 年版，第 250 页。

伪造是"从无到有",变造是"偷梁换柱"。在司法实践中首先应当明确行为性质究竟属于伪造还是变造,两种行为的性质不同,造成的危害后果不同,量刑标准也不同。

行为人只要出于故意实施了伪造或变造国家证券的行为并且达到了数额较大,就构成伪造、变造国家有价证券罪既遂,其是否已牟取非法利益,则不影响其既遂成立。如果数额较大的国家有价证券因意志以外的原因没有伪造、变造出来,即伪造、变造行为已经开始实施但未完毕的,则构成未遂。

(二)伪造、变造国家有价证券罪的构成要件

1. 犯罪主体

从犯罪的主体来看,本罪的犯罪主体包括自然人和单位。自然人只要具备刑事责任能力即可作为犯罪主体承担刑事责任;单位也可以作为犯罪主体承担刑事责任,对单位判处罚金,并对其直接负责的主管人员和其他直接责任人员,依照规定处罚。

2. 犯罪主观方面

本罪的主观方面表现为故意,即行为人在明知其行为是伪造、变造国家有价证券的情况下仍然进行伪造、变造,是故意为之。

3. 犯罪客体

本罪侵犯的客体是国家金融管理秩序中对有价证券的正常管理活动,犯罪的对象是国库券和其他有价证券。

4. 犯罪客观方面

伪造、变造国家有价证券罪在客观方面表现为,伪造、变造国库券或者国家发行的其他有价证券且数额较大。

二、伪造、变造国家有价证券罪与诈骗罪的界限

伪造、变造国家有价证券罪必须具有伪造或变造的行为,如果没有伪造或变造的行为,而是将失效的国家有价证券或其他物品直接谎称为有价证券骗取他人钱财的,则构成诈骗罪。行为人如果在伪造、变造国家有价证券后又用之骗取他人钱财的,则同时触犯伪造、变造国家有价证券罪与有价证券诈骗罪,对之应按牵连犯择一重罪处罚的原则从重处罚。

（一）典型案例

☞ 甘某伪造、变造国家有价证券罪案[2]

【关键词】 伪造　国家有价证券　诈骗罪

| 基本案情 |

2014 年下半年，张某因需要资金周转，通过他人介绍认识了王某 4，张某请王某 4 帮忙开国债凭证给自己用于贷款，王某 4 称被告人甘某可开河南省漯河市工商银行的国债凭证，但需要给甘某开票费，张某同意。后张某通过王某 5 得知谢某 1 也需要资金，便和谢某 1 达成共同融资合意，约定两人共同使用国债融资人民币 2600 万元，又因张某另有朋友也需资金，故张某所需国债凭证的金额达到人民币 3800 万元。后王某 4 告知张某自己因身体原因由其父亲王某 1 代其出面联系甘某，并陪同张某就开具国债凭证事宜前往河南省漯河市。

2014 年 11 月上旬，张某、谢某 1、王某 1、甘某分别到达河南省漯河市。同年 11 月 11 日，张某与谢某 1 在河南省漯河市宾馆房间内签订了国债贷款分款书面协议，约定由张某提供凭证式 5 年期国债，按张某人民币 2000 万元、谢某 1 人民币 600 万元分配贷款，谢某 1 向张某支付开证费用人民币 48 万元。签完协议后当日，谢某 1 让其妻子汇给张某人民币 40 万元（余款人民币 8 万元于同年 11 月 17 日汇给张某）。同年 11 月 12 日，王某 1、张某等人在河南省漯河市宾馆房间内将现金人民币 40 万元交予甘某收讫，作为甘某开国债凭证的开票费，甘某即将一张户名为张某、开具日期为 2014 年 5 月 10 日、面额为人民币 3800 万元的凭证式国债收款凭证交给王某 1，王某 1 当即转交给张某。后经核实，该凭证式国债收款凭证系伪造。

| 裁判结果 |

一审法院以伪造国家有价证券罪判处被告人甘某有期徒刑 10 年，并处罚金人民币 400000 元；责令被告人甘某退出违法所得人民币 400000 元，予以没收，上缴国库。

甘某不服一审判决结果，提起上诉。

---

[2] 浙江省温州市中级人民法院（2019）浙 03 刑终 715 号。

二审法院经审理后判决:

一、撤销浙江省瑞安市人民法院（2018）浙 0381 刑初 1380 号刑事判决。

二、上诉人（原审被告人）甘某犯诈骗罪，判处有期徒刑 8 年，并处罚金人民币 10 万元。

三、责令被告人甘某退出违法所得人民币 40 万元，返还被害人谢某 1。

| 裁判理由 |

法院认为:（1）甘某原先虽辩称自己去漯河就是经王某 4 中介为自己融资，但无法合理解释其辩称融资的具体项目、资金缺口、融资渠道，以及在不知融资对方的具体身份的情况下行贿数十万的行为；二审期间其又辩称自己确实为张某等人的国债抵押借款提供中介服务并在收取开票费及提供国债凭证时在场见证，但收取开票费和提供伪造的凭证另有其人。甘某的供述不稳定，且其供述的内容缺乏其他证据支持，难以采信。（2）张某、王某 1 关于 2014 年 11 月 12 日其二人以及陈某某三人在场的情况下在甘某房间一手交现金一手交国债凭证的说法可以相互印证，张某也对自己更改之前所述开票费是在交易前一天交给王某 1、次日在甘某房间王某 1 在场时拿到国债凭证的说法进行了合理解释，即原先细节回忆有误，相关证言应予采信。（3）甘某明知以明显低的对价取得如此巨大面额的国债凭证并不合常理，但无法合理解释国债凭证的来源及开票费的去向，具有以伪造的国债凭证骗取他人开票费的主观故意，并非追求与国债凭证面额相当的经济利益的主观故意，原判定性不当，予以纠正。（4）现有证据尚不能证明同案犯的存在，且据甘某实施犯罪的积极方式，辩护人关于甘某可认定为从犯的意见于事实、法律无据，不予采纳。（5）甘某的违法所得来自谢某 1，且现有证据尚不能证实谢某 1 有骗取贷款的违法行为，故应将违法所得返还谢某 1。

法院认为，上诉人甘某虚构事实，谎称能提供用于抵押贷款的国债凭证，骗取他人开票费，数额巨大，其行为已构成诈骗罪。

（二）律师评析

伪造、变造国家有价证券罪与诈骗罪之间存在许多关联之处，需要根据具体的案情来分析判断。

1. 伪造、变造国家有价证券罪与诈骗罪之间可能存在牵连关系

一般认为，伪造、变造国库券或者国家发行的其他有价证券，数额较大，但未用伪造、变造的国库券或者国家发行的其他有价证券进行诈骗活动的，构成伪造、变造国家有价证券罪；但是如果以此为由行骗，骗取较大数额财物的，则应当直接以诈骗罪定罪处罚。如果伪造、变造的国家有价证券和诈骗的数额均较大，则构成伪造、变造国家有价证券罪与诈骗罪的牵连犯，应择一重罪处罚。

在本案中，被告人甘某伪造国债收款凭证的目的并非是取得票面上所显示金额的经济利益，而是以伪造的国债收款凭证作为其骗取开票费的工具。如此一来，从其犯罪的目的上看，本案侵害的犯罪客体并非国家对有价证券的管理制度，而是受害人对其财产的所有权。基于以上事实，法院认定甘某的行为构成诈骗罪，而非伪造、变造国家有价证券罪。

2. 伪造、变造国家有价证券罪与有价证券诈骗罪的区别

由于判决书中记载的案情并不完整，我们无法排除本案是否存在构成有价证券诈骗罪的可能性。有价证券诈骗罪与伪造、变造国家有价证券罪是相互关联的犯罪，存在着共同点，如都是故意犯罪、都侵害了国家有价证券的管理制度。[3] 二者的主要区别有：

(1) 犯罪客体不同。有价证券诈骗罪所侵害的客体是国家对有价证券的管理制度和公私财产，而伪造、变造国家有价证券罪侵害的仅仅是国家对有价证券的管理制度。

(2) 客观方面不同。有价证券诈骗罪的客观行为表现主要是使用伪造、变造的有价证券进行诈骗，目的是利用伪造、变造的国家有价证券获得被害人的钱财；而伪造、变造国家有价证券罪则只是实施伪造、变造行为。

司法实践中，行为人往往先伪造、变造国家有价证券，然后使用伪造、变造的国家有价证券进行诈骗。这种情况在认定时，应根据具体情况具体分析，一般按刑法牵连犯的理论，择一重罪进行认定处理。另外还有一种情况，如果行为人伪造、变造国家有价证券后，自己并不直接进行诈骗，而是仅出售、转让他人的，由于我国《刑法》未将出售伪造、变造国家有价证券的行为规定为犯罪，则仅构成伪造、变造国家有价证券罪。如果行为人伪造、变造国家有价证券后，不仅自己直接利用其伪造、变造的国家有价证券实施诈骗行为，又将

---

〔3〕 参见赵秉志：《破坏金融管理秩序犯罪疑难问题司法对策》，吉林人民出版社 2000 年版。

伪造、变造的国家有价证券出售、转让他人的，则行为人同时构成伪造、变造国家有价证券罪和有价证券诈骗罪。[4]

对于伪造、变造国家有价证券罪的认定要根据不同案件的具体情况来进行判断。

（三）相关法条及司法解释

《中华人民共和国刑法》

第六十四条 犯罪分子违法所得的一切财物，应当予以追缴或者责令退赔；对被害人的合法财产，应当及时返还；违禁品和供犯罪所用的本人财物，应当予以没收。没收的财物和罚金，一律上缴国库，不得挪用和自行处理。

第一百七十八条 伪造、变造国库券或者国家发行的其他有价证券，数额较大的，处三年以下有期徒刑或者拘役，并处或者单处二万元以上二十万元以下罚金；数额巨大的，处三年以上十年以下有期徒刑，并处五万元以上五十万元以下罚金；数额特别巨大的，处十年以上有期徒刑或者无期徒刑，并处五万元以上五十万元以下罚金或者没收财产。

伪造、变造股票或者公司、企业债券，数额较大的，处三年以下有期徒刑或者拘役，并处或者单处一万元以上十万元以下罚金；数额巨大的，处三年以上十年以下有期徒刑，并处二万元以上二十万元以下罚金。

单位犯前两款罪的，对单位判处罚金，并对其直接负责的主管人员和其他直接责任人员，依照前两款的规定处罚。

第二百六十六条 诈骗公私财物，数额较大的，处三年以下有期徒刑、拘役或者管制，并处或者单处罚金；数额巨大或者有其他严重情节的，处三年以上十年以下有期徒刑，并处罚金；数额特别巨大或者有其他特别严重情节的，处十年以上有期徒刑或者无期徒刑，并处罚金或者没收财产。本法另有规定的，依照规定。

《中华人民共和国刑事诉讼法》

第二百三十六条 第二审人民法院对不服第一审判决的上诉、抗诉案件，经过审理后，应当按照下列情形分别处理：

（一）原判决认定事实和适用法律正确、量刑适当的，应当裁定驳回上诉或

---

〔4〕 参见孙际中：《新刑法与金融犯罪》，西苑出版社 1998 年版。

者抗诉，维持原判；

（二）原判决认定事实没有错误，但适用法律有错误，或者量刑不当的，应当改判；

（三）原判决事实不清楚或者证据不足的，可以在查清事实后改判；也可以裁定撤销原判，发回原审人民法院重新审判。

原审人民法院对于依照前款第三项规定发回重新审判的案件作出判决后，被告人提出上诉或者人民检察院提出抗诉的，第二审人民法院应当依法作出判决或者裁定，不得再发回原审人民法院重新审判。

三、伪造、变造国家有价证券罪的认定

在实践中，对于伪造、变造国家有价证券罪的认定需结合被告人身份、履历、行为习惯等多种因素，这些因素主要影响对犯罪主观方面的认定，这一点从下面的案例中可见一斑。

（一）典型案例

☞ 张某 1 伪造、变造国家有价证券罪案[5]

【关键词】伪造　有价证券　主观方面

| 基本案情 |

2013 年 12 月左右，由于李某某在内蒙古赤峰所经营的赤峰松鹤调味品有限公司需要资金，经被告人张某 1 介绍，李某某找到唐某某帮忙融资办理贷款业务。唐某某称只要缴纳一笔开票费就能找人开具李某某名下的凭证式国债收款凭证。后经唐某某介绍，被告人张某 1 及李某某认识了张某 2，并通过张某 2 找到了衣某某帮忙开票。

2013 年 12 月底，被告人张某 1 与李某某、唐某某、张某 2 一起到山东找衣某某开票。根据约定，李某某通过张某 2 先后共向被告人衣某某支付了人民币 55 万元后，于 2014 年 1 月初从衣某某处拿到了伪造的购买日期为 2013 年 9 月 10 日、户名为李某某、金额为 4900 万元、期限为 5 年的中国农业银行凭证式国

---

[5] 福州市中级人民法院（2019）闽 01 刑终 165 号。

债收款凭证的原件。之后李某某通过薛某某介绍，携带上述伪造的凭证式国债收款凭证到福州联系质押贷款事宜。

2014年2月28日，当李某某携带上述凭证式国债收款凭证到位于福州市台江区信联大厦的农业银行福州福新支行查询凭证真伪并了解贷款业务时被识破，李某某被抓获。经鉴定上述凭证式国债收款凭证非农业银行签发，系伪造的票据。

| 裁判结果 |

一审法院判决：被告人张某1犯伪造国家有价证券罪，判处有期徒刑4年，并处罚金人民币6万元。

被告人张某1收到判决后不服，提起上诉。

二审法院经审理后判决：驳回上诉，维持原判。

| 裁判理由 |

一审法院认为，被告人张某1伙同他人伪造面额为4900万元的凭证式国债收款凭证，数额特别巨大，其行为已构成伪造国家有价证券罪。被告人张某1在共同犯罪中起次要作用，系从犯，应当减轻处罚。

二审法院认为，现有证据足以证明上诉人张某1主观上应当知道涉案的国债式收款凭证可能系虚假，但仍然为了可期待的巨大利益，宁愿相信该票据系真实，铤而走险，实施一系列的居间介绍行为并起到积极作用，原判认定其构成伪造国家有价证券罪并无不当。

（二）律师评析

从本案的判决中我们可以看出，在对类似案件的处理上，司法审判机关将重点放在犯罪嫌疑人的主观故意和主体方面，二者相互印证，互为补充，为判决所涉及的量刑轻重提供了依据。

1. 主观故意的分析在认定犯罪时非常关键

在很多刑事案件中，主观故意这一因素对认定犯罪是非常关键的。

在本案中，张某1、唐某某、张某2等居间介绍的行为系依附于李某某，在认定是否构成犯罪时应当先考量李某某的主观故意。

（1）李某某自2009年开始四处举债，其所有的松鹤调味品有限公司经营不善，资产已经被查封，其"缺钱，所以想弄点钱"，具有犯罪动机。这点得到证人薛某某和张某1言词证据的印证。

（2）李某某与张某 1、唐某某、薛某某、张某 2、衣某某相互并不熟悉，其在自己根本未实际向银行出资的情况下，拿到其个人名下的 4900 万元巨额有价证券，为了这笔交易从内蒙古到武汉到济南再到福州，辗转了四个城市，还对唐某某、张某 2 许以贷款金额 3% 的好处费、购买 100 万元的豪车等，这种交易模式是违背常理的。

（3）李某某通过唐某某介绍认识薛某某，不远千里持异地票据到事先经他人联系好的福州农行福新支行贷款，如果其确信该票据系真实的，作为面额为 4900 万元且最高抵押贷款额度为 90% 的有价证券，其完全可以在任何一个银行贷到他所需要的几百万甚至一千万，完全不需要通过周转几个人再辗转四个城市，还先到银行查验真伪，这显然违背正常的思维逻辑。证人陈某某的证言还证实，在银行等查询结果的过程中，李某某催促银行，还对同行的人说"不行就走吧"，更加印证其主观上是带着将信将疑的态度来到银行的。

综上，以上证据足以证明李某某具有购买伪造的国家有价证券的主观动机，其交易模式违背国家有价证券购买、查验的基本常识和规则，且其就是为了到银行查验真伪才被当场抓获，足以认定其主观上应当知道该票据有可能系虚假。

2. 共同犯罪人之间犯意的联络也很重要

共犯之间的犯意联络可以是明确的言语交流，可以是肢体语言和客观行为上的密切配合，也可以是通过系列言行达到一种心知肚明的默契。

本案中，虽然没有任何一个同案人明确承认其主观上明知票据系虚假，但是李某某与张某 1、唐某某、薛某某、张某 2、衣某某相互并不熟悉，大家都知道李某某并未实际向银行出资，却拿到了李某某个人名下的 4900 万元巨额有价证券，时间还倒签回三个多月前，为了这笔交易从内蒙古到武汉到济南再到福州，需要辗转四个城市，且每个人均能从这笔交易中获得高额的利益，各方为了获取各自可期待的利益，达成了宁可相信票据系真实只为促成这笔交易的默契。

因此，张某 1 伙同他人伪造面额为 4900 万元凭证式国债收款凭证的行为已构成伪造国家有价证券罪，且数额特别巨大。其在共同犯罪中起次要作用，系从犯，可依法予以减轻处罚。二审法院维持原判的决定是正确的。

（三）相关法条及司法解释

《中华人民共和国刑法》

第一百七十八条　伪造、变造国库券或者国家发行的其他有价证券，数额较大的，处三年以下有期徒刑或者拘役，并处或者单处二万元以上二十万元以下罚金；数额巨大的，处三年以上十年以下有期徒刑，并处五万元以上五十万元以下罚金；数额特别巨大的，处十年以上有期徒刑或者无期徒刑，并处五万元以上五十万元以下罚金或者没收财产。

伪造、变造股票或者公司、企业债券，数额较大的，处三年以下有期徒刑或者拘役，并处或者单处一万元以上十万元以下罚金；数额巨大的，处三年以上十年以下有期徒刑，并处二万元以上二十万元以下罚金。

单位犯前两款罪的，对单位判处罚金，并对其直接负责的主管人员和其他直接责任人员，依照前两款的规定处罚。

《中华人民共和国刑事诉讼法》

第二百三十六条 第二审人民法院对不服第一审判决的上诉、抗诉案件，经过审理后，应当按照下列情形分别处理：

（一）原判决认定事实和适用法律正确、量刑适当的，应当裁定驳回上诉或者抗诉，维持原判；

（二）原判决认定事实没有错误，但适用法律有错误，或者量刑不当的，应当改判；

（三）原判决事实不清楚或者证据不足的，可以在查清事实后改判；也可以裁定撤销原判，发回原审人民法院重新审判。

原审人民法院对于依照前款第三项规定发回重新审判的案件作出判决后，被告人提出上诉或者人民检察院提出抗诉的，第二审人民法院应当依法作出判决或者裁定，不得再发回原审人民法院重新审判。

第三章　擅自发行股票或者公司、企业债券

一、擅自发行股票或者公司、企业债券罪概述

擅自发行股票或者公司、企业债券罪，是指未经国家有关主管部门批准，擅自发行股票或者公司、企业债券，数额巨大、后果严重或者有其他严重情节的行为。

股票，指公司签发的证明股东所持股份的凭证。公司、企业债券，是由公司、企业发行的一种负债凭证，是持有人在确定的日期向公司、企业索取本金，并在有效的期限内定期向公司、企业收取利息的凭证。

发行股票或者公司、企业债券，应经国家有关主管部门批准，未获批准擅自发行，违反法律规定，直接扰乱了国家对发行股票或者公司、企业债券的正常管理秩序，因此《刑法》将这些行为规定为犯罪行为。擅自发行股票或者公司、企业债券罪设立于我国《刑法》第179条，在《刑法》第三章"破坏社会主义市场经济秩序罪"之下的第四节"破坏金融管理秩序罪"之中。《最高人民法院关于审理非法集资刑事案件具体应用法律若干问题的解释》在第10条也对该罪名作了相应规定。

擅自发行股票或者公司、企业债券罪侵害的客体是国家对发行股票或者公司、企业债券的管理秩序。擅自发行股票或者公司、企业债券罪的犯罪主体是一般主体，包括自然人和单位，主观罪过形式是故意。

关于本罪的行为人在何种情形下可以被公安机关立案追究，《最高人民检察院 公安部关于公安机关管辖的刑事案件立案追诉标准的规定（二）》（2022年修订）作出了规定，即"未经国家有关主管部门批准或注册，擅自发行股票或者公司、企业债券，涉嫌下列情形之一的，应予立案追诉：（一）非法募集资金

金额在一百万元以上的；（二）造成投资者直接经济损失数额累计在五十万元以上的；（三）募集的资金全部或者主要用于违法犯罪活动的；（四）其他后果严重或者有其他严重情节的情形。"公安机关可以此为依据打击该类犯罪行为。

二、个人或单位都可能构成擅自发行股票或者公司、企业债券罪

在未经国家有关主管部门批准的情况下，有关单位通过对外公开出售公司股权的方式筹集资金，通过自行招揽或者委托管理公司等中介机构采用电话推销、口口相传等手段，向投资人转让公司股权并获利，这样的行为不仅单位涉嫌刑事犯罪，而且主管人员也需要承担刑事责任。对于这种行为采取的是双罚制，既处罚单位又处罚单位的相关人员。在"江苏奥海船舶配件有限公司等擅自发行股票或者公司、企业债券罪案"中，就体现了双罚制。

（一）典型案例

☞ 江苏奥海船舶配件有限公司等擅自发行股票或者
公司、企业债券罪案[1]

【关键词】 股权　挂牌　投资人

| 基本案情 |

被告单位江苏奥海船舶配件有限公司（以下简称"奥海公司"）成立于2009年4月，经数次工商变更后，于2015年6月变更为有限责任公司，注册资本3.4亿元，股东为张某某及钱某实际控制的江苏A有限公司和江苏B有限公司。张某某担任奥海公司法定代表人兼总经理，并实际控制该公司。

2015年6月至2017年间，被告单位奥海公司先后委托多家证券公司、律师事务所等筹备在全国中小企业股份转让系统挂牌的申请事宜，但均未成功。同期，因奥海公司经营困难、资金短缺，被告人张某某决定在未经国家有关主管部门批准的情况下，通过对外公开出售公司股权的方式筹集资金。为此，张某某隐瞒奥海公司连年亏损的事实，以奥海公司即将在全国中小企业股份转让系

---

〔1〕 上海市中级人民法院（2019）沪01刑初40号。

统挂牌、投资人可获取高额回报、许诺两年内挂牌无果就全额回购并支付高额利息等为由，通过自行招揽或者委托上海××管理中心（有限合伙）、上海 C 有限公司、Z 公司、上海 D 有限公司、上海 E 有限公司、上海 F 有限公司等中介机构采用电话推销、口口相传等手段，向 131 名投资人转让奥海公司股权，共计获得 1.48 亿余元。

2018 年 1 月 19 日，被告人张某某经公安机关电话通知后到案，并如实供述了上述犯罪事实。案发后，奥海公司分别退还投资人阎某 10 万元、陈某 10 万元、周某 30 万元、翁某 2 万元、徐某 3 万元、顾某 210 万元、张某 38 万元、张某 4100 万元、姚某 100 万元，还将 3423489.6 元债权转让给投资人许某 1。

| 裁判结果 |

一、被告单位江苏奥海船舶配件有限公司犯擅自发行股票罪，判处罚金人民币 450 万元（罚金自判决生效之日起 1 个月内缴付）。

二、被告人张某某犯擅自发行股票罪，判处有期徒刑 4 年（刑期从判决执行之日起计算。判决执行前先行羁押的，羁押 1 日折抵刑期 1 日，即自 2019 年 12 月 24 日起至 2023 年 12 月 23 日止）。

三、向被告单位江苏奥海船舶配件有限公司、被告人张某某追缴违法所得，不足部分责令退赔，所得款项发还投资人。

| 裁判理由 |

被告单位奥海公司及其直接负责的主管人员被告人张某某未经国家有关主管部门批准，擅自向社会不特定对象以转让股权等方式变相发行股票，数额巨大，其行为已构成擅自发行股票罪。公诉机关起诉指控的事实和罪名成立，法院予以支持。张某某接到公安机关通知后自动投案，且如实供述主要事实，依法应当认定其具有自首情节，并鉴于其系奥海公司直接负责擅自发行股票的主管人员，故应一并认定奥海公司亦具有自首情节，但鉴于奥海公司及张某某未有效退赔，给众多投资人造成逾亿元的经济损失，故依法不予从轻或减轻处罚。

（二）律师评析

发行股票、发行公司债券等融资方式都需要经过相关部门的批准，未经批准发行股票或公司债券就可能涉嫌犯罪。

1. 发行公司债券需要经过审批

发行公司债券的审批程序为：股份有限公司、有限责任公司发行公司债券，由其公司的权力机构即股东大会或股东会作出决定，经国务院证券管理机构批准后，才能发行公司债券。国有独资公司发行公司债券，则必须在国家授权投资的机构或国家授权的部门作出决定后，再经国务院证券管理机构批准，才能发行公司债券。

企业发行企业债券除满足相应前述条件外，还必须报经审批。中央企业发行企业债券，由中国人民银行同国家计划委员会审批；地方企业发行企业债券，由中国人民银行省、自治区、直辖市、计划单列市分行会同同级计划主管部门审批。

2. 虽符合法律规定发行股票的条件，但未经有关主管部门的批准依然构成犯罪

实践中，行为人虽符合法律规定的发行股票的条件，但未经有关主管部门的批准（发行股票或者公司、企业债券的，需要经过国务院证券管理部门的核准；此外，发行企业债券，还需要经过中国人民银行和国家计划委员会及其分支机构的审批），依然构成犯罪。在核准制下，有关主管部门的审查批准是发行股票或者公司、企业债券的必经程序，体现了国家对发行股票或者公司、企业债券这种重大经济行为的严格管理和监督。公司、企业虽具备条件但未经批准即发行股票、公司债券，逃避了有关主管部门的审查、监督、管理，扰乱了发行管理秩序。

这里的"未经批准"包括：（1）根本未向主管部门提出申请。（2）虽然提出申请，但未得到批准和对已作出批准决定但发现不符合法律规定，又予以撤销后仍然发行股票或者公司、企业债券。（3）虽经过批准，但未按照规定的方式、范围发行股票或者公司、企业债券。例如：超出招股说明书所载明的股票发行总数超额发行股票；有关主管部门批准的是按股票票面金额发行，但行为人却擅自以超过股票票面金额的价格溢价发行股票；超出国务院证券管理部门批准的公司债券发行规模发行公司债券；等等。

（三）相关法条及司法解释

《中华人民共和国刑法》

第一百七十九条 未经国家有关主管部门批准，擅自发行股票或者公司、企业债券，数额巨大、后果严重或者有其他严重情节的，处五年以下有期徒刑或者拘役，并处或者单处非法募集资金金额百分之一以上百分之五以下罚金。

单位犯前款罪的，对单位判处罚金，并对其直接负责的主管人员和其他直接责任人员，处五年以下有期徒刑或者拘役。

《最高人民检察院 公安部关于公安机关管辖的刑事案件立案追诉标准的规定（二）》（2022 年修订）

第二十九条 ［擅自发行股票、公司、企业债券案（刑法第一百七十九条）］未经国家有关主管部门批准或者注册，擅自发行股票或者公司、企业债券，涉嫌下列情形之一的，应予立案追诉：

（一）非法募集资金金额在一百万元以上的；

（二）造成投资者直接经济损失数额累计在五十万元以上的；

（三）募集的资金全部或者主要用于违法犯罪活动的；

（四）其他后果严重或者有其他严重情节的情形。

本条规定的"擅自发行股票或者公司、企业债券"，是指向社会不特定对象发行、以转让股权等方式变相发行股票或者公司、企业债券，或者向特定对象发行、变相发行股票或者公司、企业债券累计超过二百人的行为。

三、擅自发行股票或者公司、企业债券罪的认定

在一些涉及证券违法甚至犯罪的案件中，往往涉及几个罪名，这些罪名如果要追究刑事责任，需要结合全案的所有证据进行综合认定。

（一）典型案例

☞ 邓某某非法吸收公众存款罪，擅自发行股票或者公司、企业债券罪案[2]
【关键词】非法吸收公众存款 擅自发行股票或者公司、企业债券

| 基本案情 |

2006 年 1 月 28 日，经西安市劳动和社会保障局批复，西安高新电脑职业培训学校成立，法定代表人为任某，办学范围为：办公自动化专业、平面设计专业、环境艺术专业、电子商务专业、市场营销专业、三维动画专业、软件开发

[2] 西安市雁塔区人民法院（2018）陕 0113 刑初 373 号。

专业、硬件维修专业、网络维护专业。

2007年8月21日，经西安市劳动和社会保障局批复，该学校更名为西安金某职业技术学院（以下简称"金某学院"）。2008年1月2日，金某学院法定代表人变更为邓某某。2008年1月2日至2011年9月19日，被告人邓某某在担任金某学院法定代表人期间，组织人员以高额利息为诱，向不特定公众宣传该学校发展前景，吸引群众投资。2011年9月，邓某某将金某学院经营权转让给刘某（已判决），但部分投资人本息尚未偿还。经鉴定，邓某某在担任金某学院法定代表人期间，共有66名报案人与金某学院签订借款合同共计80份，合计合同金额5650000元。报案人提供收据金额5431450元，报案人陈述实际出借金额5508700元，已返还金额433430元，未返还金额5075270元。另查明，上述款项部分用于金某学院日常支出，部分用于考察新校区。

2011年12月20日，祥泰智通公司经工商变更登记成立，公司住所地为西安市高新区唐延路35号旺座现代城1幢20905室，经营范围为：创业投资及咨询、代理其他创业投资企业等机构或个人的创业投资业务（金融、证券、期货、基金投资咨询除外）、为创业企业提供创业管理服务业务、参与设立创业投资企业与创业投资管理顾问机构（以企业自有资金投资，依法需经批准的项目，经相关部门批准后方可开展经营活动）。被告人邓某某系该公司实际控制人。该公司在并无融资资质的情况下，自2013年起以投资湖北武当太极湖文化和贵州黔西南州白铃公路建设两个项目为由，以高额利息为诱对外宣传，通过签订客户协议书的形式，向社会公众吸收资金。经鉴定，共有76名投资人签订106份客户协议书，实际投资金额40100499.99元（有客户协议书、收款收据或银行单据），已兑付金额151600元，未兑付金额39948899.99元。另查明，尚有5名投资人签订5份客户协议书，实际投资金额650000元（有客户协议书及报案材料），已兑付金额20000元，未兑付金额630000元。故共有81名投资人实际投资金额40750499.99元，已兑付金额171600元，未兑付金额40578899.99元。另查明，祥泰智通公司成立后以非法吸收公众存款为主要活动。

| 裁判结果 |

一、被告人邓某某犯非法吸收公众存款罪，判处有期徒刑6年，并处罚金20万元；犯擅自发行股票罪，判处有期徒刑1年零6个月；合并后决定执行有期徒刑7年，并处罚金20万元（限判决生效后3个月内缴纳，刑期自判决执行之日起计算，判决执行以前先行羁押的，羁押1日折抵刑期1日，即自2017年5月17日起执行至2024年5月16日止）。

二、涉案未追回款项追缴后发还投资人。

| 裁判理由 |

法院认为，金某学院违反国家金融管理法律规定，未经有关部门依法批准，通过向社会公开宣传的方式，向社会不特定公众吸收资金，数额巨大，扰乱金融秩序，金某学院的行为已构成非法吸收公众存款罪。被告人邓某某作为直接责任人，其行为亦构成非法吸收公众存款罪，应对其任职期间金某学院的非法吸收公众存款活动承担责任。祥泰智通公司成立后违反国家金融管理法律规定，未经有关部门依法批准，通过业务员介绍等方式向社会公开宣传，以高额利息为诱饵并承诺一定期限内还本付息向社会公众吸收资金，扰乱国家金融秩序。

被告人邓某某作为祥泰智通公司实际控制人，在明知公司成立后仅以非法吸收公众存款为主要业务的情况下仍伙同他人积极组织领导并参与实施非法吸收公众存款活动，且数额巨大，其行为已构成非法吸收公众存款罪，系自然人犯罪，且属共同犯罪。西安市雁塔区人民检察院指控被告人所犯罪名成立，对被告人邓某某依法应数罪并罚。

（二）律师评析

非法募集社会大众资金用于经营或投资不仅可能涉嫌非法吸收公众存款罪，还可能涉及欺诈发行股票、债券罪，擅自发行股票或者公司、企业债券罪等罪名。

非法集资可能涉嫌多个罪名，具体涉嫌何种罪名需要根据案件的事实与证据予以综合判断。本案中就出现了两个罪名，被告单位和被告人邓某某都被追究了刑事责任。

本案中，金某学院违反国家金融管理法律规定，未经有关部门依法批准，通过向社会公开宣传的方式，向社会不特定公众吸收资金，数额巨大，扰乱金融秩序，其行为已构成非法吸收公众存款罪。被告人邓某某作为直接责任人，其行为亦构成非法吸收公众存款罪，应对其任职期间金某学院的非法吸收公众存款活动承担责任。

实践中，此类情况层出不穷，某些单位擅自发行股票也是为了融资，因此其实施的一系列行为可能同时触犯多个罪名。

（三）相关法条及司法解释

《中华人民共和国刑法》

第一百七十九条 未经国家有关主管部门批准，擅自发行股票或者公司、企业债券，数额巨大、后果严重或者有其他严重情节的，处五年以下有期徒刑或者拘役，并处或者单处非法募集资金金额百分之一以上百分之五以下罚金。

单位犯前款罪的，对单位判处罚金，并对其直接负责的主管人员和其他直接责任人员，处五年以下有期徒刑或者拘役。

《最高人民检察院 公安部关于公安机关管辖的刑事案件立案追诉标准的规定（二）》（2022 年修订）

第二十九条 ［擅自发行股票、公司、企业债券案（刑法第一百七十九条）］未经国家有关主管部门批准或者注册，擅自发行股票或者公司、企业债券，涉嫌下列情形之一的，应予立案追诉：

（一）非法募集资金金额在一百万元以上的；

（二）造成投资者直接经济损失数额累计在五十万元以上的；

（三）募集的资金全部或者主要用于违法犯罪活动的；

（四）其他后果严重或者有其他严重情节的情形。

本条规定的"擅自发行股票或者公司、企业债券"，是指向社会不特定对象发行、以转让股权等方式变相发行股票或者公司、企业债券，或者向特定对象发行、变相发行股票或者公司、企业债券累计超过二百人的行为。

四、擅自发行股票或者公司、企业债券的行为达到情节严重的程度才能构成犯罪

对于一般的擅自发行股票或者公司、企业债券行为，由监管部门进行行政处罚足矣，但是如果达到情节严重的程度就需要追究刑事责任。

（一）典型案例

☞ 李某、刘某某等擅自发行股票或者公司、企业债券罪案[3]

【关键词】发行股票 销售股票 资金 投资人

---

［3］ 西安市雁塔区人民法院（2018）陕 0113 刑初 277 号。

| 基本案情 |

2016 年，被告人李某经被告人刘某某介绍认识卓轮林业公司法定代表人李某 1，三人商议，卓轮林业公司拟增资 1000 万股，并由李某、刘某某等人负责对外销售该公司股票，卓轮林业公司按照 55% 的比例向李某支付销售股票佣金。

被告人李某未经国家有关部门批准，于 2016 年 12 月开始，在西安市高新区水晶城 B 座 10 层，以其控制的陕西中联创富企业管理有限公司、西安茂弘信息技术有限公司名义招募被告人孙某某、李某 3、张某、张某 1、苏某、闫某某、严某某、来某某等 100 余人，在网上批量购买或者由公司员工自行寻找获取社会公众的 QQ、微信、电话号码，以在新三板挂牌为名，通过发送信息、拨打电话等通信手段，面向社会不特定对象公开推销卓轮林业公司股票，每股 3 元。

经审计：（1）共有 65 人以定向增资的名义，给李某 1 及卓轮林业公司账户转入金额 19770000 元，其中 27 人报案，报案金额为 12000000 元。（2）李某 3 涉及金额为 900000 元，张某涉及金额为 990000 元，孙某某涉及金额为 9420000 元，苏某涉及金额为 750000 元，严某某涉及金额为 540000 元，张某 1 涉及金额为 7080000 元，来某某涉及金额为 6180000 元，闫某某涉及金额为 1440000 元。（3）李某 1 个人名下尾号 7291 账户收取了 540000 元的定向增资款，其资金去向为给冉某 550000 元。（4）卓轮林业公司建行尾号 0107 账户及尾号 1410 账户收取了 19230000 元的定向增资款，其资金主要去向为转给刘某某 5598240 元、转给卓轮林业公司 0430 账户 6207400 元、转给李某 2 0275 账户 4570000 元，后期李某 2 又通过其名下尾号 3778 账户转给卓轮林业公司 1410 账户 4570000 元。（5）刘某某个人名下 4 个账户收到卓轮林业公司转入的资金为 8467240 元（其中有 2870000 元由卓轮林业公司 0430 账户转入），其主要去向为转给李某 26280000 元。（6）李某 2 个人名下尾号 0275 账户收到卓轮林业公司转入的资金为 4570000 元，收到刘某某转入的资金为 6280000 元，这两部分资金的主要去向为转给方某 8753688 元。2017 年 5 月 5 日，李某、孙某某、李某 3、张某、苏某、闫某某、严某某、来某某被抓获归案，同年 7 月 16 日，刘某某被抓获归案。

| 裁判结果 |

一、被告人李某犯擅自发行股票罪，判处有期徒刑 1 年零 8 个月，并处罚金 30 万元。

二、被告人刘某某犯擅自发行股票罪，判处有期徒刑1年零6个月，并处罚金20万元。

三、被告人孙某某犯擅自发行股票罪，判处有期徒刑1年零2个月，并处罚金15万元。

四、被告人李某3犯擅自发行股票罪，判处有期徒刑1年零1个月，并处罚金35000元。

五、被告人张某犯擅自发行股票罪，判处有期徒刑1年零1个月，并处罚金3万元。

六、被告人张某1犯擅自发行股票罪，判处有期徒刑1年零1个月，并处罚金75000元。

七、被告人苏某犯擅自发行股票罪，判处有期徒刑1年零1个月，并处罚金25000元。

八、被告人闫某某犯擅自发行股票罪，判处有期徒刑1年零1个月，并处罚金4万元。

九、被告人严某某犯擅自发行股票罪，判处有期徒刑1年零1个月，并处罚金12000元。

十、被告人来某某犯擅自发行股票罪，判处有期徒刑1年零1个月，并处罚金7万元。

十一、涉案赃款依法予以追缴并返还投资人。

| 裁判理由 |

法院认为，被告人李某、刘某某、孙某某、李某3、张某、张某1、苏某、闫某某、严某某、来某某未经国家有关主管部门批准，结伙擅自发行股票，数额巨大，其行为均已构成擅自发行股票罪，属共同犯罪。西安市雁塔区人民检察院指控被告人李某、刘某某、孙某某、李某3、张某、张某1、苏某、闫某某、严某某、来某某所犯罪名成立，应予支持。

被告人李某及其辩护人辩称现有证据不足以证明卓轮林业公司收到的19770000元投资款均系通过李某及其控制下的公司工作人员所销售，应以报案金额12000000元作为李某的犯罪数额。经查，卓轮林业公司所收到的19770000元投资款均系通过李某及其控制下的公司工作人员所销售的事实，有银行转账记录、增资扩股协议书、十被告人的供述、各投资人的陈述、卓轮林业公司方面人员的证言、司法鉴定意见书等证据可证，各证据之间互相印证，已形成证据锁链，再结合刘某某的账户和李某所控制的李某2账户所收到的卓轮林业公司所返的销售股票佣金，除以 55% 的返回比例后所得出的销售额，足以认定公诉机关所指控的事实和犯罪数额，故对以上辩护意见，本院均不予采信。关于被告人李某的辩护人辩称本案系单位犯罪的辩护意见，经查，涉案公司在设立后以实施擅自发行股票犯罪为主要活动，依照相关司法解释规定，应依法按照个人犯罪论处，故对该项辩护意见，本院亦不予采信。

关于十被告人的辩护人分别辩称该十名被告人系从犯的辩护意见，经查，该十名被告人或参与实施了擅自发行股票行为的组织策划，或参与实施了对销售人员的培训管理，或直接实施了对投资人的推销联络，均在共同犯罪中起到了主要作用，应均系主犯，故对该项辩护意见，本院均不予采信，唯可根据各被告人在共同犯罪中所起的具体作用综合予以量刑。

各被告人的辩护人的其他辩护意见，经查属实，本院予以采纳，依法可分别对各被告人从轻处罚。

（二）律师评析

擅自发行股票或者公司、企业债券罪往往涉及很多人、很多钱和很多事情，共同犯罪的情形也比较多。

1. 擅自发行股票或者公司、企业债券罪往往涉及共同犯罪

擅自发行股票或者公司、企业债券罪的行为特点是未经国家有关主管部门批准，多人结伙擅自发行股票，并且累加的数额相当巨大。实践中，很多行为人因有利可图，在公司的安排下负责对外销售公司股票，公司则按一定比例向行为人支付销售股票佣金，这些人在案发后往往都会被认定为共同犯罪。

这些行为人在网上批量购买或者自行寻找获取社会公众的 QQ、微信、电话号码，以在新三板挂牌或其他噱头，通过发送信息、拨打电话等通信手段，面向社会不特定对象公开推销公司股票。有的人有固定的一个银行账户用来吸收他人存款，有的甚至有多个银行账户用来吸收他人存款，其各个行为性质和情节也有所不同。

2. 擅自发行股票或者公司、企业债券的行为必须达到情节严重的程度才能构成犯罪

擅自发行股票或者公司、企业债券的行为必须达到情节严重的程度才能构成犯罪，如果情节较轻，则不宜作为犯罪来认定和处理，而应由证券管理部门

依照《企业债券管理条例》第26条的规定责令停止发行，退还所募资金及其利息，处以非法所募资金5%以下的罚款。所谓情节严重，本条原则列举为数额巨大、后果严重或者有其他严重情节的行为。至于数额巨大的标准、后果严重或者有其他严重情节具体应包括哪些情形，本条未作规定，需结合最高人民法院、最高人民检察院总结司法实践经验后作出的司法解释予以判断。

在实践中，"后果严重"可以理解为给擅自发行股票、公司债券购买者造成重大损失；"其他严重情节"可以理解为多次擅自发行股票、公司债券，或者经证券主管部门给予行政和经济处罚后仍不改正，继续擅自发行股票、公司债券。

（三）相关法条及司法解释

《中华人民共和国刑法》

第一百七十九条 未经国家有关主管部门批准，擅自发行股票或者公司、企业债券，数额巨大、后果严重或者有其他严重情节的，处五年以下有期徒刑或者拘役，并处或者单处非法募集资金金额百分之一以上百分之五以下罚金。

单位犯前款罪的，对单位判处罚金，并对其直接负责的主管人员和其他直接责任人员，处五年以下有期徒刑或者拘役。

《最高人民检察院 公安部关于公安机关管辖的刑事案件立案追诉标准的规定（二）》（2022年修订）

第二十九条 ［擅自发行股票、公司、企业债券案（刑法第一百七十九条）］未经国家有关主管部门批准或者注册，擅自发行股票或者公司、企业债券，涉嫌下列情形之一的，应予立案追诉：

（一）非法募集资金金额在一百万元以上的；

（二）造成投资者直接经济损失数额累计在五十万元以上的；

（三）募集的资金全部或者主要用于违法犯罪活动的；

（四）其他后果严重或者有其他严重情节的情形。

本条规定的"擅自发行股票或者公司、企业债券"，是指向社会不特定对象发行、以转让股权等方式变相发行股票或者公司、企业债券，或者向特定对象发行、变相发行股票或者公司、企业债券累计超过二百人的行为。

《中华人民共和国公司法》（2018年修正）

第八十五条 发起人向社会公开募集股份，必须公告招股说明书，并制作认股书。认股书应当载明本法第八十六条所列事项，由认股人填写认购股数、金额、住所，并签名、盖章。认股人按照所认购股数缴纳股款。

第一百三十四条 公司经国务院证券监督管理机构核准公开发行新股时，必须公告新股招股说明书和财务会计报告，并制作认股书。

本法第八十七条、第八十八条的规定适用于公司公开发行新股。

第四章　内幕交易、泄露内幕信息

一、内幕交易、泄露内幕信息罪概述

1990 年，《证券公司管理暂行办法》首次规定，证券公司不得从事操纵市场价格、内部交易、欺诈和其他影响市场行情从中渔利的行为和交易。1997 年，《刑法》第 180 条规定了内幕交易、泄露内幕信息罪。1998 年，《证券法》从法律层面对内幕交易行为的认定和处罚等方面进行了具体规定。2009 年，《刑法修正案（七）》中增加了处罚"明示、暗示他人从事上述交易活动"这一行为类型。2012 年，《最高人民法院、最高人民检察院关于办理内幕交易、泄露内幕信息刑事案件具体应用法律若干问题的解释》对"知情人""非法获取内幕信息的人"等内容进行了细化。

2020 年可以称为证券市场的新元年，在这一年中，证券立法和执法层面发生了一些大事。就立法方面而言，随着 2019 年修订后的《证券法》实施，与之配套的 17 部规章、29 部规范性文件都进行了修改，沪深交易所主要的自律性文件也进行了很大调整。2019 年修订的《证券法》在第 51 条、第 52 条、第 80 条、第 81 条，对内幕信息的知情人及范围作了较大修改，并大幅度提高了对从事内幕交易者的罚款额度，进一步显示了监管机构对内幕交易的重点打击。

证券市场中，投资者合法权益保护与正常市场秩序维护两者兼重。2019 年《证券法》修订之前，证监会已将内幕交易作为执法重点打击对象，但实务中仍存在内幕信息知情人界定较为广泛、调查取证困难等问题，导致监管难度较大。随着证券市场的资本化趋势不断强化，内幕交易逐渐凸显出传播渠道以及传播方式隐蔽性等特点，其表现形式也因市场环境的变化而多样化。

证监会在监管过程中主要是从交易账户的变动情况入手，逆向研究当事人的交易行为，从而判断其是否利用内幕信息。实践中常见的内幕交易表现形式为：（1）违法主体控制或利用他人的证券账户进行交易；（2）知悉内幕信息后交易相关股份，及/或泄露该等信息后建议他人交易；（3）多方主体之间存在突击性资金支持与交易操作的配合，共同完成交易。由于现有规定仅明确买卖、建议他人买卖或泄露三类内幕交易行为，而未对具体表现形式以立法或规范形式作细化规定，故实践中仍从个案出发来判断是否实际存在利用内幕信息进行交易。

二、内幕信息敏感期的确定是认定内幕交易罪的重要条件

2015 年至 2019 年，证监会直接办理的内幕交易行政处罚案件共计 201 件，证监会地方监管局办理的内幕交易行政处罚案件共计 217 件。上述内幕交易处罚案件占证券监管系统办结行政处罚案件的 34%。由此可见，内幕交易类案件在证券类违法案件中占了较大的比例。

2020 年 11 月 6 日下午，最高人民检察院联合证监会召开以"依法从严打击证券违法犯罪 维护金融市场秩序"为主题的新闻发布会，发布了 12 起证券违法犯罪典型案例，包括 6 起证券犯罪典型案例和 6 起证券违法典型案例。"吉某信托公司内幕交易案"就是其中比较典型的证券违法案例。

（一）典型案例

☞ **吉某信托公司内幕交易案** [1]
【关键词】借壳上市　重组　内幕信息

| 基本案情 |

人造板生产是森某股份有限公司（以下简称"森某公司"，系上市公司）的重要业务，原材料来自控股股东森某集团下属单位的采伐剩余物。因国家林业局规定 2015 年 4 月起禁伐天然林，森某集团和森某公司拟将林业相关业务从森某公司置出。

------

[1] 最高人民检察院、证监会联合发布证券违法犯罪典型案例，最高人民检察院官网，https://www.spp.gov.cn/spp/xwfbh/wsfbh/202011/t20201106_484204.shtml，2020 年 11 月 6 日。

2015 年 5 月、6 月，森某集团董事长柏某某安排人员研究森某公司的人造板业务整合路径，拟装入森某集团下属的人造板集团。2015 年 12 月 7 日，森某公司公告董事会审议通过重大资产重组预案，拟以人造板业务资产、负债、子公司股权向人造板集团增资，并获得人造板集团约 40.08% 的股权。森某公司以人造板业务等向森某集团的人造板集团出资、参股事项信息公开前为内幕信息。内幕信息不晚于 2015 年 6 月底形成，公开于 2015 年 12 月 7 日。柏某某全面负责人造板业务整合事宜，是内幕信息知情人。吉某信托公司董事长高某某与柏某某较为熟悉，两人在涉案账户交易森某公司股票前后电话联系频繁。高某某通过电话下达交易指令，吉某信托公司控制使用涉案账户，在内幕信息敏感期内大量买入森某公司股票并在复牌后全部卖出，交易行为明显异常，盈利 43733230.05 元。

本案听证过程中，当事人吉某信托公司主张：根据国家政策、森某公司官方网站信息、股吧讨论以及森某公司股价走势等，涉案内幕信息已经公开；相关交易行为是高某某个人行为，不应认定为单位违法；吉某信托公司仅收取固定信托报酬，不享有涉案账户的收益，没有违法所得，不应被没收任何收入和处以罚款。

高某某主张，买入森某公司股票是基于市场上的公开信息以及专业判断，买入时其已提交辞职申请，没有为吉某信托公司内幕交易的主观动机。

| 处理结果 |

证监会复核认为：林业局公布的国家政策性信息，森某公司官方网站公布的日常经营性、战略规划性信息，以及股吧等平台的讨论信息，并不是关于涉案资产重组的具体信息，也不是在证监会指定媒体发布并置备于官方网站、证券交易所依法披露的信息，不能据此判断内幕信息已经公开；高某某在违法行为期间实际履行吉某信托公司董事长职责，其交易决策系职务行为；吉某信托公司是否仅收取固定报酬以及是否享有账户收益，不改变吉某信托公司异常交易森某公司股票的事实。

2017 年 12 月，证监会作出行政处罚决定，认定吉某信托公司的上述行为违反了 2005 年《证券法》第 73 条和第 76 条第 1 款的规定，构成 2005 年《证券法》第 202 条所述的内幕交易行为。证监会决定：没收吉某信托公司违法所得 43733230.05 元，并处以 43733230.05 元罚款；对高某某给予警告，并处以 20 万元罚款。

2018 年 2 月，吉某信托公司、高某某向证监会申请行政复议，请求撤销相关行政处罚决定；同年 3 月，证监会复议决定维持原行政处罚决定。

（二）律师评析

2020 年 11 月 6 日，最高人民检察院与证监会联合发布了 12 起证券违法犯罪典型案例，吉某信托公司内幕交易案是认定单位构成内幕交易的一个典型案件，其处理对于类似案件具有很强的指导意义。

1. 内幕信息敏感期是认定内幕交易的重要条件之一

在证券市场中，内幕交易是比较多的，被监管机构和司法机关查处的仅是一部分。内幕信息是内幕交易的核心内容，是指为证券、期货交易内幕人员知悉但尚未公开的对证券、期货交易价格有重大影响的信息。[2] 内幕信息有两个关键特征——"对市场价格有重大影响"和"尚未公开"，即价格敏感性与未公开性。其中，价格敏感性是指信息公开前后会对证券、期货市场造成利好或利空的实际影响。未公开性是指某个信息还未被公开，未被证券、期货市场上的投资者所知悉。[3] 2019 年修订的《证券法》第 191 条大幅度提高了对从事内幕交易的罚款额度。对内幕交易处罚额度的调整，与近年来证监会对内幕交易的强化监管与重点打击是息息相关的。

对于内幕交易而言，内幕信息敏感期的确定是非常重要的。"内幕信息敏感期"是指内幕信息自形成至公开的期间。[4] 内幕信息敏感期没有明确规定在现行法律法规中，但无论是在 2012 年 6 月 1 日正式施行的《最高人民法院、最高人民检察院关于办理内幕交易、泄露内幕信息刑事案件具体应用法律若干问题的解释》（法释〔2012〕6 号）还是在证监会行政处罚的实践中，内幕信息敏感期都被定位为认定内幕交易的重要条件之一。

鉴于内幕信息形成时间的认定比较复杂，《最高人民法院、最高人民检察院关于办理内幕交易、泄露内幕信息刑事案件具体应用法律若干问题的解释》对内幕信息形成时间的认定区分了一般情况和特殊情况。一般情况下，内幕信息形成的时间与《证券法》规定的可能对上市公司股票价格产生重大影响的"重

---

〔2〕 参见高铭暄、马克昌主编：《刑法学》（第 9 版），北京大学出版社 2019 年版，第 406 页。
〔3〕 参见刘宪权：《刑法学名师讲演录》，上海人民出版社 2016 年版，第 473—475 页。
〔4〕 参见《最高人民法院、最高人民检察院关于办理内幕交易、泄露内幕信息刑事案件具体应用法律若干问题的解释》（法释〔2012〕6 号）。

大事件""计划""方案"等的形成时间是一致的。特殊情况下，要看交易主体对市场预期判断的主要依据是什么，其动议、筹划、决策或者执行的初始时间，应当认定为内幕信息的形成之时。

具体到本案中，本案当事人辩称的国家政策性信息、公司新闻、股吧平台讨论信息并非本案认定的内幕信息，不能认为内幕信息已经公开。

2. 认定内幕交易的违法主体需要综合考虑

在一些内幕交易案件中，监管机关往往将违法主体认定为证券、期货交易内幕信息的知情人员，非法获取证券、期货交易内幕信息的人员等个人，而涉事的单位是免责的。这样可能存在不公平之处，因此应当综合考虑以下因素来认定违法的主体到底是单位还是个人：内幕交易主体的投资决策能否代表单位意志？交易人员实施的行为是否属于职务行为？违法行为的实施是否利用了单位平台、资金等资源？违法行为所获利益是否归于单位？

具体到本案中，因高某某在违法行为期间实际履行吉某信托公司董事长职责，其交易决策被认定为职务行为，证监会从而认定违法主体是吉某信托公司，并对该单位进行处罚。

（三）相关法条及司法解释

《中华人民共和国刑法》

第一百八十条　证券、期货交易内幕信息的知情人员或者非法获取证券、期货交易内幕信息的人员，在涉及证券的发行，证券、期货交易或者其他对证券、期货交易价格有重大影响的信息尚未公开前，买入或者卖出该证券，或者从事与该内幕信息有关的期货交易，或者泄露该信息，或者明示、暗示他人从事上述交易活动，情节严重的，处五年以下有期徒刑或者拘役，并处或者单处违法所得一倍以上五倍以下罚金；情节特别严重的，处五年以上十年以下有期徒刑，并处违法所得一倍以上五倍以下罚金。

单位犯前款罪的，对单位判处罚金，并对其直接负责的主管人员和其他直接责任人员，处五年以下有期徒刑或者拘役。

内幕信息、知情人员的范围，依照法律、行政法规的规定确定。

证券交易所、期货交易所、证券公司、期货经纪公司、基金管理公司、商业银行、保险公司等金融机构的从业人员以及有关监管部门或者行业协会的工作人员，利用因职务便利获取的内幕信息以外的其他未公开的信息，违反规定，从事与该信息相关的证券、期货交易活动，或者明示、暗示他人从事相关交易活动，情节严重的，依照第一款的规定处罚。

《中华人民共和国证券法》（2019 年修订）

第五十条　禁止证券交易内幕信息的知情人和非法获取内幕信息的人利用内幕信息从事证券交易活动。

第五十一条　证券交易内幕信息的知情人包括：

（一）发行人及其董事、监事、高级管理人员；

（二）持有公司百分之五以上股份的股东及其董事、监事、高级管理人员，公司的实际控制人及其董事、监事、高级管理人员；

（三）发行人控股或者实际控制的公司及其董事、监事、高级管理人员；

（四）由于所任公司职务或者因与公司业务往来可以获取公司有关内幕信息的人员；

（五）上市公司收购人或者重大资产交易方及其控股股东、实际控制人、董事、监事和高级管理人员；

（六）因职务、工作可以获取内幕信息的证券交易场所、证券公司、证券登记结算机构、证券服务机构的有关人员；

（七）因职责、工作可以获取内幕信息的证券监督管理机构工作人员；

（八）因法定职责对证券的发行、交易或者对上市公司及其收购、重大资产交易进行管理可以获取内幕信息的有关主管部门、监管机构的工作人员；

（九）国务院证券监督管理机构规定的可以获取内幕信息的其他人员。

第五十二条　证券交易活动中，涉及发行人的经营、财务或者对该发行人证券的市场价格有重大影响的尚未公开的信息，为内幕信息。

本法第八十条第二款、第八十一条第二款所列重大事件属于内幕信息。

《最高人民法院、最高人民检察院关于办理内幕交易、泄露内幕信息刑事案件具体应用法律若干问题的解释》（法释〔2012〕6 号）

第五条　本解释所称"内幕信息敏感期"是指内幕信息自形成至公开的期间。

证券法第六十七条第二款所列"重大事件"的发生时间，第七十五条规定的"计划"、"方案"以及期货交易管理条例第八十五条第十一项规定的"政策"、"决定"等的形成时间，应当认定为内幕信息的形成之时。

影响内幕信息形成的动议、筹划、决策或者执行人员，其动议、筹划、决策或者执行初始时间，应当认定为内幕信息的形成之时。

内幕信息的公开，是指内幕信息在国务院证券、期货监督管理机构指定的报刊、网站等媒体披露。

三、内幕交易案的行政处罚程序与刑事侦查程序相互独立

内幕交易破坏了证券交易公开、公平、公正的原则，扰乱了市场交易秩序，具有严重的社会危害性。但是内幕交易的认定又往往存在一些争议，处理起来需要注重细节。而且在司法实践中，还存在行刑交叉的情形，从而出现行政处罚和刑事司法两种办案程序。

（一）典型案例

☞ 周某某内幕交易案[5]

【关键词】借壳上市　重组　内幕信息

- -

｜基本案情｜

江某股份有限公司（以下简称"江某公司"，系上市公司）自 2010 年起寻求卖壳，唯某有限公司（以下简称"唯某公司"）自 2013 年起计划借壳上市。2014 年 3 月，唯某公司股东合伙人吕某委托保荐代表人任某某协助找壳，任某某委托张某某协助。2014 年 4 月 10 日，经张某某促成，江某公司委托的保荐代表人叶某与张某某等人会面。

2014 年 4 月 15 日，任某某受吕某所托，结合张某某所告知的"JQSY"壳资源相关情况草拟《重组简要方案概述》，起草过程中涉及的问题均由张某某沟通转达。2014 年 4 月 29 日，任某某将《重组简要方案概述》发送给吕某。

2014 年 5 月 14 日，重组双方初步达成一致意见。2014 年 6 月 12 日，江某公司发布重大资产重组停牌公告。重组事项信息公开前为内幕信息，张某某作为中间介绍人参与筹划，不晚于 2014 年 4 月 29 日知悉内幕信息。周某某曾为张某某老师，二人长期交往密切，且有资金往来。内幕信息敏感期内，周某某与张某某频繁通信联系，并从张某某处得知江某公司有重组预期。周某某控制其

---

[5]　最高人民检察院、证监会联合发布证券违法犯罪典型案例，最高人民检察院官网，https://www.spp.gov.cn/spp/xwfbh/wsfbh/202011/t20201106_484204.shtml，2020 年 11 月 6 日。

本人、学生、朋友的证券账户，突击转入资金集中买入"江某公司"，获利
12640120.03 元。

| 处理结果 |

本案听证过程中，当事人周某某主张：张某某未向其泄露内幕信息，其买
入"江某公司"不具备内幕交易的特征；公安机关以证据不足为由对周某某涉
嫌内幕交易罪案件终止侦查，行政机关不应再作行政处罚；证监会将公安机关
调取的证据作为行政处罚的证据不具有合法性。

证监会复核认为：涉案期间内，周某某与内幕信息知情人张某某频繁联系，
并获知江某公司有重组预期，且据此买入"江某公司"，证据确凿，其交易理由
不足以排除其交易的异常性；证监会认定周某某构成内幕交易行为于法有据，
其是否被追究刑事责任不影响证监会依法对其作出行政处罚；公安机关调取的
资料和制作的讯问笔录系证监会依法取得，所载内容与案件事实密切相关，可
以作为本案证据。

2016 年 8 月，证监会作出行政处罚决定，认定周某某的上述行为违反了
2005 年《证券法》第 73 条和第 76 条第 1 款的规定，构成《证券法》第 202 条
所述内幕交易行为。证监会决定，没收周某某违法所得 12640120.03 元，并处以
12640120.03 元罚款。

周某某不服上述处罚决定并提起诉讼，一审法院和二审法院均判决驳回起
诉。2019 年 6 月，周某某向北京市人民检察院申请抗诉，同年 9 月，北京市人
民检察院作出《不支持监督申请决定书》，认为证监会处罚决定及人民法院相关
判决认定事实清楚、适用法律正确、办案程序合法，决定不支持周某某的监督
申请。

（二）律师评析

2020 年 11 月 6 日，最高人民检察院与证监会联合发布了 12 起证券违法犯
罪典型案例，这些案件都非常有典型意义，本案就是其中一个。

1. 内幕交易的隐蔽性很强

在股票市场里，利用内幕信息进行交易比较普遍，但被发现进行行政处罚
或追究刑事责任的却相对较少，主要原因是内幕交易具有非常强的隐蔽性，监
管部门收集证据比较困难。

内幕交易最突出的特点就是"隐蔽性"。对于内幕交易的行为人是否获知内幕信息这一问题，直接的证据往往是缺乏的，需要结合行为人的外在行为与询问笔录、交易信息等进行综合认定。在本案中，周某某拒不承认获知了内幕信息，也不承认内幕交易，证监会对其交易行为的异常特征及其与张某某联络接触情况等客观的证据材料进行了综合分析，依法认定周某某构成内幕交易。对于证监会的这种认定，当事人虽然不服，但司法机关是认可的，体现了国家对证券违法行为的从严打击。

2. 行政处罚程序与刑事侦查程序是相互独立的

行政法调整范围的广泛性决定了其与刑法之间存在不可避免的交叉。在司法实践中，经常会遇到一行为经过行政处罚等行政处理程序后又进入刑事司法程序的情况，这就涉及行政处罚与刑事侦查衔接的问题。一般情况下，一个行为经过行政处罚后仍不足以消除其危害的，行政机关会将其移送公安机关进行刑事侦查以追究其刑事责任。但是，行政处罚程序和刑事侦查程序并不冲突，是相互独立的程序。

本案是一个行政处罚案件转化成刑事案件后又回转的案件，证监会发现周某某、张某某涉嫌内幕交易犯罪并将案件移送公安机关进行刑事侦查。公安机关侦查后，对周某某以"证据不足"为由决定终止侦查，又移交证监会处理。该案充分表明了刑事案件要求的证明标准比行政处罚案件和民事案件的证明标准要高很多。

证监会接受公安机关移送回来的案件后，进行了充分的审查，根据在案证据及2005年《证券法》有关规定依法对周某某作出处罚。本案的全过程体现了行刑衔接机制的优势，也向社会大众传递了严厉打击证券领域违法犯罪行为的信号。

（三）相关法条及司法解释

《中华人民共和国刑法》

第一百八十条　证券、期货交易内幕信息的知情人员或者非法获取证券、期货交易内幕信息的人员，在涉及证券的发行，证券、期货交易或者其他对证券、期货交易价格有重大影响的信息尚未公开前，买入或者卖出该证券，或者从事与该内幕信息有关的期货交易，或者泄露该信息，或者明示、暗示他人从事上述交易活动，情节严重的，处五年以下有期徒刑或者拘役，并处或者单处违法所得一倍以上五倍以下罚金；情节特别严重的，处五年以上十年以下有期徒刑，并处违法所得一倍以上五倍以下罚金。

单位犯前款罪的，对单位判处罚金，并对其直接负责的主管人员和其他直接责任人员，处五年以下有期徒刑或者拘役。

内幕信息、知情人员的范围，依照法律、行政法规的规定确定。

证券交易所、期货交易所、证券公司、期货经纪公司、基金管理公司、商业银行、保险公司等金融机构的从业人员以及有关监管部门或者行业协会的工作人员，利用因职务便利获取的内幕信息以外的其他未公开的信息，违反规定，从事与该信息相关的证券、期货交易活动，或者明示、暗示他人从事相关交易活动，情节严重的，依照第一款的规定处罚。

《中华人民共和国证券法》（2019 年修订）

第五十条 禁止证券交易内幕信息的知情人和非法获取内幕信息的人利用内幕信息从事证券交易活动。

第五十一条 证券交易内幕信息的知情人包括：

（一）发行人及其董事、监事、高级管理人员；

（二）持有公司百分之五以上股份的股东及其董事、监事、高级管理人员，公司的实际控制人及其董事、监事、高级管理人员；

（三）发行人控股或者实际控制的公司及其董事、监事、高级管理人员；

（四）由于所任公司职务或者因与公司业务往来可以获取公司有关内幕信息的人员；

（五）上市公司收购人或者重大资产交易方及其控股股东、实际控制人、董事、监事和高级管理人员；

（六）因职务、工作可以获取内幕信息的证券交易场所、证券公司、证券登记结算机构、证券服务机构的有关人员；

（七）因职责、工作可以获取内幕信息的证券监督管理机构工作人员；

（八）因法定职责对证券的发行、交易或者对上市公司及其收购、重大资产交易进行管理可以获取内幕信息的有关主管部门、监管机构的工作人员；

（九）国务院证券监督管理机构规定的可以获取内幕信息的其他人员。

第五十二条 证券交易活动中，涉及发行人的经营、财务或者对该发行人证券的市场价格有重大影响的尚未公开的信息，为内幕信息。

本法第八十条第二款、第八十一条第二款所列重大事件属于内幕信息。

四、内幕信息的知情人可能成为内幕交易罪的共犯

确立内幕交易犯罪的主体范围，是禁止内幕交易法律制度的核心问题，涉及国家打击内幕交易行为的范围与深度。行为人在泄露内幕信息的同时建议对方买卖关联股票，被建议者构成内幕交易罪，行为人为内幕交易罪共犯，应对被建议者进行内幕交易的交易额、获利或止损额承担相应刑事责任。

（一）典型案例

☞ **李某红等十人内幕交易、泄露内幕信息案**[6]

【关键词】上市　内幕信息 知情人

▍基本案情

被告人：李某红、郑某龄、周某星、林某雁、谭某中、林某安、陈某云、李某明、费某晖、郑某枝。

1. 被告人李某红、谭某中内幕交易、泄露内幕信息，被告人林某雁、林某安内幕交易的事实

2007 年 4 月至 5 月，被告人谭某中筹划将公用集团公司优质资产注入上市公司公用科技公司并实现公用集团整体上市。其间，谭某中多次就此事向被告人李某红作了汇报，李某红表示支持。同年 6 月 11 日，谭某中又将此事向中山市委书记陈某楷作了汇报，陈某楷表示同意并让李某红具体负责此事。随后，谭某中将已向陈某楷汇报的事告知被告人郑某龄，郑某龄按要求草拟了一份整体上市项目建议书。同年 7 月 3 日，李某红、谭某中、郑某龄等人向中国证监会汇报了公用科技公司重大资产重组并实现公用集团整体上市的工作情况。同日，公用科技公司发出公告，称公司近期讨论重大事项。次日，公用科技股票停牌。同月 13 日，公用科技公司作出关于换股吸收合并公用集团及定向增发收购乡镇供水资产初步方案，并以该初步方案致函中国证监会。同年 8 月 20 日，公用科技股票复牌，公用科技公司董事会向社会公开发布了关于换股吸收的预案公告。中国证监会经调查后认定，公用集团公司将其优质资产注入公用科技

---

[6] 广州市中级人民法院（2011）刑二初字第 67 号。

公司实现公用集团整体上市的预案在公开前属内幕信息。该内幕信息形成于2007年6月11日，内幕信息价格敏感期至2007年7月4日停牌止。

2007年6月，谭某中向李某红汇报公用科技公司筹备资产重组事宜时提到公用科技股价会上涨，建议李某红让被告人林某安购买。同年6月中旬，谭某中在办公室约见林某安，向其泄露有关公用科技公司资产重组的内幕信息，并建议其出资购买公用科技股票。同年6月下旬，李某红在家中向被告人林某雁泄露了上述内幕信息，并委托林某雁购买200万元（以下币种为人民币）的公用科技股票。随后，林某雁从林某安存款账户转出236.5万元，从李某某存款账户转出350万元，再集合其本人自有资金，筹集款项合计677.02万元，并借用其弟林某成和同事刘某雄的名义办理了证券交易开户手续，让朋友负责买卖公用科技股票。2007年6月29日至7月3日期间，上述两个证券账户在公用科技股票停牌前累计买入89.68万股，买入资金669万余元。后于2007年9月18日至10月15日陆续卖出，账面收益1983万余元。

2. 被告人郑某龄内幕交易、泄露内幕信息，被告人郑某枝、陈某云内幕交易的事实

郑某龄利用担任公用集团公司总裁助理的职务便利，知悉公用集团公司正筹备将集团公司优质资产注入公用科技公司以实现公用集团整体上市的内幕信息。2007年6月11日，郑某龄向被告人郑某枝泄露了该内幕信息，并借用其证券账户购买了公用科技股票。随后，郑某龄又将该内幕信息告知被告人陈某云，并让其筹集资金以购买公用科技股票。同月12日至20日，陈某云从其姐陈某珍账户转出75万元，郑某龄从其岳母刘某贤账户转出95万元，分别转入郑某枝名下的证券资金账户。同月14日至21日，该账户由郑某龄负责操作，买入公用科技股票累计19.08万股，买入资金169万余元。同年9月10日，郑某枝按照郑某龄的授意卖出公用科技股票，账面收益419万余元。

2007年6月27日至29日，郑某龄的妻子被告人费某生将其所持股票卖出后，从其资金账户分三笔共转出88万元至被告人费某晖的建设银行账户。在上述时间内，郑某龄使用手机电话操作费某晖名下的证券资金账户购买公用科技股票累计12.25万股，投入资金累计87万余元。同年9月10日，郑某龄指使郑某枝使用手机以电话委托方式将上述公用科技股票全部抛售，账面收益290万余元。

3. 被告人郑某龄泄露内幕信息，被告人周某星内幕交易事实

2007年6月20日，郑某龄在周某星的办公室向他泄露了公用科技公司重大

资产重组的内幕信息。同年 6 月 27 日至 7 月 2 日，周某星操作其妻黄某及母亲麦某玲名下的证券账户，投入资金共 670 万余元，买入公用科技股票累计 88.44 万股，并于同年 10 月 8 日至 10 日将该股票全部卖出，账面收益 1809 万余元。

| 裁判结果 |

一、被告人李某红犯内幕交易、泄露内幕信息罪，判处有期徒刑 6 年零 6 个月，并处罚金人民币 2000 万元；犯受贿罪，判处有期徒刑 6 年，并处没收财产人民币 10 万元。决定执行有期徒刑 11 年，并处罚金人民币 2000 万元、没收财产人民币 10 万元。

二、被告人郑某龄犯内幕交易、泄露内幕信息罪，判处有期徒刑 7 年，并处罚金人民币 2530 万元。

三、被告人周某星犯内幕交易罪，判处有期徒刑 6 年，并处罚金人民币 1810 万元。

四、被告人林某雁犯内幕交易罪，判处有期徒刑 5 年零 6 个月，并处罚金人民币 1300 万元。

五、被告人谭某中犯内幕交易、泄露内幕信息罪，判处有期徒刑 5 年，并处罚金人民币 700 万元。

六、被告人郑某枝犯内幕交易罪，判处有期徒刑 5 年，并处罚金人民币 190 万元。

七、被告人林某安犯内幕交易罪，判处有期徒刑 3 年零 6 个月，并处罚金人民币 300 万元。

八、被告人陈某云犯内幕交易罪，判处有期徒刑 2 年零 6 个月，并处罚金人民币 60 万元。

宣判后，各被告人均未上诉。公诉机关表示接受该判决结果。该案判决已发生法律效力。

| 裁判理由 |

法院经审理认为，被告人李某红、郑某龄、谭某中身为证券交易内幕信息的知情人员，在涉及对证券交易价格有重大影响的信息尚未公开前，买入或建议他人买入该证券，并泄露该信息，情节特别严重，其行为均已构成内幕交易、泄露内幕信息罪。被告人林某安从李某红、谭某中处非法获取内幕信息，被告人林某雁从李某红处非法获取内幕信息，被告人周某星、郑某枝从郑某龄处非法获取内幕信息，被告人陈某云从郑某枝处非法获取内幕信息，并利用该信息尚未公开前，买入相应证券，情节特别严重，其行为均已构成内幕交易罪。依

照《刑法》第 180 条第 1 款和第 3 款、第 385 条第 1 款、第 388 条、第 386 条、第 383 条、第 191 条第 1 款第（一）项和第（三）项、第 69 条、第 26 条第 1 款和第 4 款、第 27 条、第 67 条第 2 款和第 3 款、第 64 条，《最高人民法院关于审理洗钱等刑事案件具体应用法律若干问题的解释》第 1 条、第 3 条以及《最高人民法院关于处理自首和立功具体应用法律若干问题的解释》第 2 条的规定，应当予以定罪处罚。

（二）律师评析

该案被选入人民法院案例选辑，具有一定的代表性，尤其对于如何正确界定内幕信息及知情人范围、建议他人买卖关联股票的行为应如何定罪处罚问题，具有指导意义。

1. 如何正确界定内幕信息知情人范围

《证券法》第 51 条对知情人的范围作出了概括列举，发行人及公司股东、董事、监事、高级管理人员，证券公司、证券登记结算机构、证券服务机构的有关人员等，均是能够直接或间接接触、掌握内幕信息的人员。

本案中，被告人李某红、郑某龄、谭某中身为证券交易内幕信息的知情人员，在对证券交易价格有重大影响的信息尚未公开前，主动泄露内幕信息给林某安、林某雁、郑某枝、陈某云、周某星五人买入证券，该五名被告人犯罪主体是否适格为本案控辩双方争论的焦点之一。该五名被告本不可能直接或间接接触到内幕信息，也不属于《证券法》第 51 条列举的知情人范围，但对于五人的主体身份问题，中国证监会曾出具意见函认定该五人均为内幕信息知情人。

《证券法》第 50 条规定："禁止证券交易内幕信息的知情人和非法获取内幕信息的人利用内幕信息从事证券交易活动。"根据《刑法》第 180 条规定，内幕信息知情人或非法获取内幕信息的人利用该信息从事交易，情节严重即构成内幕交易罪。因此，我国打击内幕交易犯罪的主体为两大类，即内幕信息知情人及非法获取内幕信息的人。其中，对于"非法获取证券、期货交易内幕信息的人员"在《最高人民法院、最高人民检察院关于办理内幕交易、泄露内幕信息刑事案件具体应用法律若干问题的解释》第 2 条作出了列举概括规定。本案中，该五人不属于《证券法》第 51 条概括列举的法定内幕信息知情人范畴，事实上他们之所以知悉内幕信息全因李某红、谭某中、郑某龄泄密，他们是被动情况下知悉并非法获取内幕信息，并利用该信息尚未公开前买入相应证券，他们属于《最高人民法院、最高人民检察院关于办理内幕交易、泄露内幕信息刑事案件具体应用法律若干问题的解释》第2条规定的"非法获取证券、期货交易内幕信息的人员"范围。对此，本案判决未采信证监会有关林某安等人属内幕信息知情人的认定函，而是从"非法获取内幕信息"的角度认定了周某星等五人的犯罪主体资格。

但现实中仍存在不少不属于内幕信息知情人及非法获取内幕信息的人却又利用了内幕信息进行关联交易的情况，如行为人无意中听到内幕信息或因知情人主动泄密而进行关联交易等，此类被动知悉内幕信息的人在明知或应知是内幕信息的情况下仍利用该信息交易，同样也损害了证券市场秩序及投资者权益。

2. 如何把握内幕信息形成及敏感期的时间节点

《证券法》第52条第1款规定："证券交易活动中，涉及发行人的经营、财务或者对该发行人证券的市场价格有重大影响的尚未公开的信息，为内幕信息。"那么，证券交易活动的具体时间节点如何确定，也成为本案的争议焦点问题。

本案案发后，中国证监会对于"公用科技股"相关问题调查后认定：公用集团公司优质资产将注入公用科技公司以实现公用集团整体上市，在公开前属于内幕信息，其形成日期为2007年6月11日，股价敏感期至2007年7月4日停牌止。根据《证券法》第52条第1款规定，"涉及发行人的经营、财务或对该发行人证券的市场价格有重大影响"及"尚未公开"是内幕信息的核心特征。本案公用科技股票必将因公司优质资产的注入而提升公司股价的市场信心，该利好信息公开后对于普通投资者的合理认知来说，当然将实质性地影响该证券的股价。据此，证监会对于本案内幕信息的认定具有事实及法律依据，法院支持该认定。但是，本案审理中，"重要性"和"未公开"并非案件界定内幕信息真实存在的焦点问题，信息的"确定性"及"形成时间"（敏感期起点）一直是控辩双方的争议焦点。有关辩护人提出谭某中虽于2007年6月11日向中山市委书记陈某楷作了公司资产重组汇报，但重组过程需历经方案的制定、请示、董事会讨论等多个阶段，故该日重组事宜未确定，内幕信息尚不存在，当然内幕信息形成日也非该时点。

证券内幕信息形成于上市公司的经营活动中，信息具体内容存在一个发展成型的过程。虽然2007年6月11日重组具体工作尚未开始，但意向原则已向领导汇报通过，且事实上谭某中于该日汇报的资产重组方案至公开披露前核心内容也没改变过，该日以后主要工作就是落实重组到位，故对于谭某中、李某红等酝酿、操控重组事宜并知悉重组对于公司股价重要影响的人来说，该重组方案在6月11日就是确定性的内幕信息，敏感期也应自该日起算。而其他人虽从市场传闻或基于证券专业分析等判断公用科技股票有利好消息，但并不能说当时该内幕信息对其而言也是确定的。据此，内幕信息本身是客观的，但对于认知主体来说其又带有主观性，故"确定性"并非内幕信息形成的要件，正确界定内幕信息应当以相关法律规定的"重要性"及"非公开"为准则。

（三）相关法条及司法解释

《中华人民共和国证券法》（2019年修订）

第五十一条 证券交易内幕信息的知情人包括：

（一）发行人及其董事、监事、高级管理人员；

（二）持有公司百分之五以上股份的股东及其董事、监事、高级管理人员，公司的实际控制人及其董事、监事、高级管理人员；

（三）发行人控股或者实际控制的公司及其董事、监事、高级管理人员；

（四）由于所任公司职务或者因与公司业务往来可以获取公司有关内幕信息的人员；

（五）上市公司收购人或者重大资产交易方及其控股股东、实际控制人、董事、监事和高级管理人员；

（六）因职务、工作可以获取内幕信息的证券交易场所、证券公司、证券登记结算机构、证券服务机构的有关人员；

（七）因职责、工作可以获取内幕信息的证券监督管理机构工作人员；

（八）因法定职责对证券的发行、交易或者对上市公司及其收购、重大资产交易进行管理可以获取内幕信息的有关主管部门、监管机构的工作人员；

（九）国务院证券监督管理机构规定的可以获取内幕信息的其他人员。

第五十二条 证券交易活动中，涉及发行人的经营、财务或者对该发行人证券的市场价格有重大影响的尚未公开的信息，为内幕信息。

本法第八十条第二款、第八十一条第二款所列重大事件属于内幕信息。

《最高人民法院、最高人民检察院关于办理内幕交易、泄露内幕信息刑事案件具体应用法律若干问题的解释》（法释〔2012〕6号）

第二条 具有下列行为的人员应当认定为刑法第一百八十条第一款规定的"非法获取证券、期货交易内幕信息的人员"：

（一）利用窃取、骗取、套取、窃听、利诱、刺探或者私下交易等手段获取内幕信息的；

（二）内幕信息知情人员的近亲属或者其他与内幕信息知情人员关系密切的人员，在内幕信息敏感期内，从事或者明示、暗示他人从事，或者泄露内幕信息导致他人从事与该内幕信息有关的证券、期货交易，相关交易行为明显异常，且无正当理由或者正当信息来源的；

（三）在内幕信息敏感期内，与内幕信息知情人员联络、接触，从事或者明示、暗示他人从事，或者泄露内幕信息导致他人从事与该内幕信息有关的证券、期货交易，相关交易行为明显异常，且无正当理由或者正当信息来源的。

第五条 本解释所称"内幕信息敏感期"是指内幕信息自形成至公开的期间。

证券法第六十七条第二款所列"重大事件"的发生时间，第七十五条规定的"计划"、"方案"以及期货交易管理条例第八十五条第十一项规定的"政策"、"决定"等的形成时间，应当认定为内幕信息的形成之时。

影响内幕信息形成的动议、筹划、决策或者执行人员，其动议、筹划、决策或者执行初始时间，应当认定为内幕信息的形成之时。

内幕信息的公开，是指内幕信息在国务院证券、期货监督管理机构指定的报刊、网站等媒体披露。

五、没有直接证据也可以通过相关证据形成证据链推定内幕交易

对于法定内幕信息知情人，如果在内幕信息敏感期内买卖相关证券，或者泄露内幕信息，或者建议他人买卖相关证券的，可以直接认定行为人构成内幕交易。对于非法定内幕信息知情人，如果有直接证据证明其"知悉"并"利用"内幕信息进行交易，则可以认定行为人构成内幕交易。对于非法定内幕信息知情人，如果有证据证明行为人在内幕信息敏感期内与内幕信息知情人有接触，且存在异常交易，则可以推定其知悉并利用内幕信息进行交易。

在此情况下，行为人如果要反驳不构成内幕交易，应自证清白。一方面应

证明其不知悉内幕信息，另一方面应证明其交易的合理性。否则，在司法实践中，即便没有直接证据，也可以通过间接证据对内幕交易进行认定。

（一）典型案例

☞ 王某、王某玉等人内幕交易、泄露内幕信息案[7]

【关键词】股票发行　内幕信息　敏感期

| 基本案情 |

2014 年间，某基金公司总经理王某向上市公司青某公司推荐华某公司的超声波制浆技术，并具体参与了青某公司收购该超声波制浆技术及非公开发行股票的全过程。其中，2014 年 8 月 6 日至 7 日，王某参与了项目的考察洽谈活动，并于同月 28 日与青某公司、华某公司签订了《三方合作框架协议书》，约定了某基金公司、青某公司、华某公司的合作内容。2014 年 10 月 14 日，青某公司公告停牌筹划重大事项。

2015 年 1 月 29 日，青某公司发布签订收购超声波制浆专利技术框架协议的公告。2015 年 2 月 12 日，青某公司复牌并公告非公开发行股票预案。中国证监会依法认定，上述公告内容系内幕信息，内幕信息敏感期为 2014 年 8 月 7 日至 2015 年 2 月 12 日。在内幕信息敏感期内，被告人王某分别与其朋友尚某、妹妹王某玉、妹夫陈某、战友王某仪联络、接触。上述人员及王某仪的妻子王某红在青某公司内幕信息敏感期内大量买入该公司股票共计 1019 万余股，成交金额 2936 万余元，并分别于青某公司因重大事项停牌前、发布收购超声波制浆技术及非公开发行股票信息公告复牌后将所持有的青某公司股票全部卖出，非法获利共计 1229 万余元。

| 处理结果 |

福建省泉州市公安局以王某涉嫌泄露内幕信息罪，王某玉、尚某、陈某、王某仪、王某红等五人涉嫌内幕交易罪向泉州市人民检察院移送起诉。

在检察机关审查过程中，王某、王某玉、尚某、陈某不供认犯罪事实，王某仪、王某红如实供述了犯罪事实。泉州市人民检察院对全案证据进行了细致

---

[7] 最高人民检察院、证监会联合发布证券违法犯罪典型案例，最高人民检察院官网，https://www.spp.gov.cn/spp/xwfbh/wsfbh/202011/t20201106_484204.shtml，2020 年 11 月 6 日。

的审查分析，认为现有证据能够证明王某玉、尚某、陈某、王某仪在涉案股票内幕信息敏感期内均与内幕信息知情人王某联络、接触，并从事与该内幕信息有关的股票交易，交易行为具有明显异常性，且无法作出合理解释，足以认定王某构成泄露内幕信息罪、王某玉等五人构成内幕交易罪。2016 年 10 月 10 日、10 月 11 日、12 月 28 日，泉州市人民检察院分别以王某仪、王某红涉嫌内幕交易罪，尚某、陈某涉嫌内幕交易罪，王某涉嫌泄露内幕信息罪、王某玉涉嫌内幕交易罪提起公诉。

2017 年 11 月 13 日，泉州市中级人民法院分别作出一审判决：以泄露内幕信息罪判处被告人王某有期徒刑 6 年零 6 个月，并处罚金人民币 1235 万元；以内幕交易罪分别判处被告人尚某有期徒刑 6 年、陈某有期徒刑 5 年、王某仪有期徒刑 3 年、王某红有期徒刑 3 年、王某玉有期徒刑 6 个月，并处罚金不等，违法所得予以追缴。其中，对犯罪情节较轻、能如实供述犯罪事实、积极退赃、具有悔罪表现的王某仪、王某红依法从轻处罚并宣告缓刑。一审宣判后，王某、王某玉和尚某、陈某提出上诉。

2018 年 12 月 28 日，福建省高级人民法院裁定维持原判，判决生效。

（二）律师评析

该案例是对证券期货从业人员及上市公司高管、员工的警示，上述人员应当恪守职业道德，严格遵守证券期货法律法规。掌握内幕信息的知情人对可能影响市场行情的敏感信息应严格履行保密义务，不得主动、被动向第三人透露相关内幕信息，不得直接或变相利用掌握的相关内幕信息谋取利益，自觉维护证券从业市场生态。

1. 推定在处理案件时很重要

犯罪嫌疑人、被告人不供认犯罪事实，在没有直接证据的情况下，根据"与内幕信息知情人有接触 + 异常交易 + 无法作出合理解释"的间接证据同样可以证明犯罪事实，推定为内幕交易。

在指控证明过程中，要根据内幕交易行为的特征，围绕内幕信息知情人与内幕交易行为人之间的密切关系、联络行为，相关交易行为与内幕信息敏感期的时间吻合程度、交易背离程度、利益关联程度等证明要求，有针对性地引导侦查取证，全面收集交易数据、行程轨迹、通信记录、资金往来、社会关系等相关证据，按照证据特点和证据运用规则，对各类证据进行综合分析判断，构建证明体系。犯罪嫌疑人、被告人不供述犯罪事实，其他在案证据能够形成证明链条，排除其他可能性，证明结论唯一的，可以认定犯罪事实，依法追究刑事责任。

在侦查取证中，大数据系统对信息的自动抓取和自动识别，为及时发现证券期货异常交易起到了极为重要的作用。例如：从未交易过相关股票而在内幕信息敏感期内突然大笔交易相关股票；在内幕信息敏感期内新开账户大笔交易相关股票；在内幕信息敏感期内清仓处理其他股票而大笔买入原来小量交易的相关股票；等等。确定异常账户后，依托互联网技术可以查清这些异常账户的开户人、下单人、资金来源和去向，从而锁定异常交易账户的实际交易人。

2. 借用他人账户进行交易也可能被认定为进行内幕交易

实践中，一些行为人试图通过借用他人证券账户进行内幕交易而掩人耳目。其实，在大数据、互联网时代这是一种掩耳盗铃的做法，根本无法逃避证券监管机构的调查和处罚。如果异常账户的开户人、下单人、资金来源方或资金流向方本身就是内幕信息知情人，或者在内幕信息敏感期内与内幕信息知情人有接触，则可以认定该异常交易构成内幕交易，除非当事人自证清白。

在查明异常账户的开户人、下单人、资金来源方和资金流向方之后，证券监管机构会调查这些人是否属于法定内幕信息知情人，或者是否属于内幕信息知情人的近亲属。如果是，则会直接认定该异常交易构成内幕交易。如果异常账户的开户人、下单人、资金来源方和资金流向方并非法定内幕信息知情人，但这些人与内幕信息知情人在内幕信息敏感期内存在密切通信接触、联络的情形，也会被推定构成内幕交易。所以，行为人不应抱有侥幸心理。行政机关或司法机关即使未掌握直接证据，通过间接证据仍可以对内幕交易作出认定。

根据《证券法》的相关规定，出借或者借用账户从事证券交易，即使不构成内幕交易，也可能面临 50 万元以下的罚款。具有如下情形之一的，即符合刑事立案追诉条件：证券交易成交额在 50 万元以上的；或期货交易占用保证金数额在 30 万元以上的；或获利或者避免损失数额在 15 万元以上的；或进行内幕交易、泄露内幕信息 3 次以上的。

（三）相关法条及司法解释

《中华人民共和国证券法》（2019 年修订）

第一百九十一条 证券交易内幕信息的知情人或者非法获取内幕信息的人

违反本法第五十三条的规定从事内幕交易的，责令依法处理非法持有的证券，没收违法所得，并处以违法所得一倍以上十倍以下的罚款；没有违法所得或者违法所得不足五十万元的，处以五十万元以上五百万元以下的罚款。单位从事内幕交易的，还应当对直接负责的主管人员和其他直接责任人员给予警告，并处以二十万元以上二百万元以下的罚款。国务院证券监督管理机构工作人员从事内幕交易的，从重处罚。

违反本法第五十四条的规定，利用未公开信息进行交易的，依照前款的规定处罚。

《最高人民法院、最高人民检察院关于办理内幕交易、泄露内幕信息刑事案件具体应用法律若干问题的解释》（法释〔2012〕6号）

第三条　本解释第二条第二项、第三项规定的"相关交易行为明显异常"，要综合以下情形，从时间吻合程度、交易背离程度和利益关联程度等方面予以认定：

（一）开户、销户、激活资金账户或者指定交易（托管）、撤销指定交易（转托管）的时间与该内幕信息形成、变化、公开时间基本一致的；

（二）资金变化与该内幕信息形成、变化、公开时间基本一致的；

（三）买入或者卖出与内幕信息有关的证券、期货合约时间与内幕信息的形成、变化和公开时间基本一致的；

（四）买入或者卖出与内幕信息有关的证券、期货合约时间与获悉内幕信息的时间基本一致的；

（五）买入或者卖出证券、期货合约行为明显与平时交易习惯不同的；

（六）买入或者卖出证券、期货合约行为，或者集中持有证券、期货合约行为与该证券、期货公开信息反映的基本面明显背离的；

（七）账户交易资金进出与该内幕信息知情人员或者非法获取人员有关联或者利害关系的；

（八）其他交易行为明显异常情形。

第六条　在内幕信息敏感期内从事或者明示、暗示他人从事或者泄露内幕信息导致他人从事与该内幕信息有关的证券、期货交易，具有下列情形之一的，应当认定为刑法第一百八十条第一款规定的"情节严重"：

（一）证券交易成交额在五十万元以上的；

（二）期货交易占用保证金数额在三十万元以上的；

（三）获利或者避免损失数额在十五万元以上的；

（四）三次以上的；

（五）具有其他严重情节的。

第七条 在内幕信息敏感期内从事或者明示、暗示他人从事或者泄露内幕信息导致他人从事与该内幕信息有关的证券、期货交易，具有下列情形之一的，应当认定为刑法第一百八十条第一款规定的"情节特别严重"：

（一）证券交易成交额在二百五十万元以上的；

（二）期货交易占用保证金数额在一百五十万元以上的；

（三）获利或者避免损失数额在七十五万元以上的；

（四）具有其他特别严重情节的。

第五章　利用未公开信息交易

一、利用未公开信息交易罪概述

证券市场要健康发展离不开公平公正的市场环境。利用未公开信息进行证券或者期货交易，让不知道信息的投资者在信息极其不对称的境况下进行交易，不但损害了资本市场的公平，也会给投资者造成巨大损失，进而会动摇证券市场的基础。鉴于该类行为对金融秩序的危害，2009 年通过的《刑法修正案（七）》中增加了利用未公开信息交易罪。

在《刑法修正案（七）》实施之前，社会生活中出现了许多利用未公开信息进行交易的行为无法适用内幕交易罪加以制裁的情形。从一定意义上讲，《刑法修正案（七）》是以法律形式扩大了内幕交易罪中内幕信息的范围，进一步织密了打击利用未公开信息违法从事金融交易活动的刑事法网。这对于保护投资者权益，促进证券、期货市场健康发展具有重要意义。"根据我国刑法规定，利用未公开信息交易罪是指金融机构从业人员以及相关监管部门或行业协会的工作人员，利用因职务便利获取的内幕信息以外的其他未公开的信息，违反规定，从事或明示、暗示他人从事与该信息相关的证券、期货交易活动，情节严重的行为。"[1] 立法机关在证券犯罪刑法规范体系中增设利用未公开信息交易罪这一罪名后，证监会与公安机关对利用未公开信息进行交易的违法犯罪行为进行了连续查处。2011 年 5 月，长城久富证券投资基金经理韩刚因"老鼠仓"行为成为我国基金从业人员因利用未公开信息违规交易被追究刑事责任的第一人。[2]

---

〔1〕　张明楷：《刑法学》（第 4 版），法律出版社 2011 年版，第 694 页。
〔2〕　参见陈晨：《利用未公开信息交易犯罪疑难问题研析：基于理论和实践的双重坐标》，载《证券法苑》2019 年第 1 期。

（一）未公开信息的含义

利用未公开信息交易的行为在基金行业表现得较为突出，专业人士形象地称之为"老鼠仓"行为。"老鼠仓"并非仅仅存在于基金行业，证券公司、银行、信托公司、保险公司等具有受委托处理他人资产性质单位的工作人员利用自己或者亲朋好友的账户做相同的交易都可以称为"老鼠仓"行为。正如该罪名所显示的，"未公开信息"是该罪成立的前提，只有"未公开信息"被确认是真实存在的，才有可能按照利用未公开信息交易罪进行定罪处理。因此，法条所称"未公开信息"的含义对于这类案件是非常核心的问题。但是，该罪名中的"未公开信息"并没有前置性的法律法规章等作为判断依据，"未公开信息"的含义目前还需要依靠学理上的解读。

对于"未公开信息"的含义，有以下几种很有代表性的观点：第一，"未公开信息"是指行为人所在金融机构在投资运营、资本运作等方面所形成的除与上市公司自身信息有关的对交易价格具有影响力的尚未公开的信息[3]；第二，"未公开信息"是指在证券、期货交易中，除内幕信息以外的对证券、期货的市场价格有重大影响的尚未公开的信息[4]；第三，"未公开信息"是指个为公众所知悉的、对相关证券期货交易价格有重要影响的、金融机构和监管部门以及行业协会按照规定采取规范管理的投资经营、技术分析、监督管理、行业资讯、调控政策等的信息[5]。上述观点都有其合理性和不足之处，但是司法机关在办案的时候基本会在上述范围内界定"未公开信息"。

（二）利用未公开信息交易罪的犯罪构成要件

利用未公开信息交易罪的犯罪构成要件主要从以下几个方面进行判断：

1. 利用未公开信息交易罪的犯罪主体

任何一个证券犯罪的罪名都要有行为的实施者和刑事责任的承担者，这就是犯罪主体。《刑法》第 180 条第 4 款运用列举的方式明确了利用未公开信息交

---

[3] 参见王涛、汤琳琳：《利用未公开信息交易罪的认定标准》，载《法学》2013 年第 2 期。

[4] 参见浙江省丽水市人民检察院课题组、陈海鹰：《利用未公开信息交易罪疑难问题探析》，载《河北法学》2011 年第 5 期；

[5] 参见谢杰：《利用未公开信息交易罪行为对象的刑法分析》，载《江苏警官学院学报》2011 年第 6 期。

易罪的犯罪主体。就其规定来看，只有自然人，而没有单位。这些自然人需要具备特定的身份：第一是"金融机构的从业人员"，主要涵盖了证券交易所、期货交易所、证券公司、期货公司、基金管理公司、保险公司等机构的从业人员；第二是"有关监管部门或行业协会的工作人员"，主要是中国人民银行、证监会、银保监会等承担监管职责的部门工作人员及证券业协会等具有自律性管理职能的协会工作人员。

2. 利用未公开信息交易罪的主观方面

关于利用未公开信息交易罪的主观罪过方面的研究，刑法学界还存在一定的争议，主要有目的犯说、故意说、可以包括过失说等不同的见解。但由于该罪的犯罪主体主要是金融从业人员，行为主体的身份及职务的性质决定了司法机关可以合理推定其是否存在利用未公开信息交易罪的主观罪过。

3. 利用未公开信息交易罪的犯罪客体

在刑法体系中，利用未公开信息交易罪与内幕交易罪在规范模式上是一致的，作为两个独立的罪名来进行立法是因确有区分的必要。利用未公开信息交易罪的犯罪客体是证券、期货交易管理制度和投资者的合法权益。

4. 利用未公开信息交易罪的客观方面

《刑法》第 180 条第 4 款规定："证券交易所、期货交易所、证券公司、期货经纪公司、基金管理公司、商业银行、保险公司等金融机构的从业人员以及有关监管部门或者行业协会的工作人员，利用因职务便利获取的内幕信息以外的其他未公开的信息，违反规定，从事与该信息相关的证券、期货交易活动，或者明示、暗示他人从事相关交易活动，情节严重的，依照第一款的规定处罚。"根据上述规定，利用未公开信息交易罪的客观行为主要有两类：第一类是行为人本人利用未公开信息从事相关交易；第二类是行为人明示或暗示他人从事与未公开信息相关的交易活动。

二、援引法定刑的适用非常重要

在一些涉及证券犯罪的案件中，援引法定刑的适用成了很大的问题。这一方面有立法漏洞的原因，另一方面还有司法能动性的问题。最高人民法院发布的指导案例 61 号"马某利用未公开信息交易案"属于这方面的一个典型案例。

（一）典型案例

☞ 马某利用未公开信息交易案 [6]

【关键词】未公开信息　援引法定刑　利用未公开信息交易罪

| 基本案情 |

2011 年 3 月 9 日至 2013 年 5 月 30 日期间，被告人马某担任博时基金管理有限公司旗下的博时精选股票证券投资经理，全权负责投资基金投资股票市场，掌握了博时精选股票证券投资基金交易的标的股票、交易时间和交易数量等未公开信息。马某在任职期间利用其掌握的上述未公开信息，从事与该信息相关的证券交易活动，操作自己控制的"金某""严某甲""严某乙"三个股票账户，通过临时购买的不记名神州行电话卡下单，先于（1—5 个交易日）、同期或稍晚于（1—2 个交易日）其管理的"博时精选"基金账户买卖相同股票 76 只，累计成交金额 10.5 亿余元，非法获利 18833374.74 元。

2013 年 7 月 17 日，马某主动到深圳市公安局投案，且到案后能如实供述其所犯罪行，属自首；马某认罪态度良好，违法所得能从扣押、冻结的财产中全额返还，判处的罚金亦能全额缴纳。

广东省深圳市中级人民法院（2014）深中法刑二初字第 27 号刑事判决认为，被告人马某的行为已构成利用未公开信息交易罪。但刑法中并未对利用未公开信息交易罪规定"情节特别严重"的情形，因此只能认定马某的行为属于"情节严重"。马某自首，依法可以从轻处罚；马某认罪态度良好，违法所得能全额返还，罚金亦能全额缴纳，确有悔罪表现；另经深圳市福田区司法局社区矫正和安置帮教科调查评估，对马某宣告缓刑对其所居住的社区没有重大不良影响，符合适用缓刑的条件。遂以利用未公开信息交易罪判处马某有期徒刑 3 年，缓刑 5 年，并处罚金人民币 1884 万元；违法所得人民币 18833374.74 元依法予以追缴，上缴国库。

宣判后，深圳市人民检察院提出抗诉认为，被告人马某的行为应认定为犯罪情节特别严重，应依照"情节特别严重"的量刑档次处罚。一审判决适用法律错误，量刑明显不当，应当依法改判。

---

[6] 最高人民法院（2015）刑抗字第 1 号。

广东省高级人民法院（2014）粤高法刑二终字第 137 号刑事裁定认为，《刑法》第 180 条第 4 款规定，利用未公开信息交易，情节严重的，依照第 1 款的规定处罚，该条款并未对利用未公开信息交易罪规定有"情节特别严重"情形；而根据第 180 条第 1 款的规定，情节严重的，处 5 年以下有期徒刑或者拘役，并处或者单处违法所得 1 倍以上 5 倍以下罚金，故马某利用未公开信息交易，属于犯罪情节严重，应在该量刑幅度内判处刑罚。原审判决量刑适当，抗诉机关的抗诉理由不成立，不予采纳。遂裁定驳回抗诉，维持原判。

二审裁定生效后，广东省人民检察院提请最高人民检察院按照审判监督程序向最高人民法院提出抗诉。最高人民检察院抗诉提出，《刑法》第 180 条第 4 款属于援引法定刑的情形，应当引用第 1 款处罚的全部规定；利用未公开信息交易罪与内幕交易、泄露内幕信息罪的违法与责任程度相当，法定刑亦应相当；马某的行为应当认定为犯罪情节特别严重，对其适用缓刑明显不当。本案终审裁定以《刑法》第 180 条第 4 款未对利用未公开信息交易罪规定有"情节特别严重"为由，降格评价马某的犯罪行为，属于适用法律确有错误，导致量刑不当，应当依法纠正。

最高人民法院依法组成合议庭对该案直接进行再审，并公开开庭审理了本案。再审查明的事实与原审基本相同，原审认定被告人马某非法获利数额为 18833374.74 元存在计算错误，实际为 19120246.98 元，依法应当予以更正。

| 裁判结果 |

最高人民法院判决如下：

一、维持广东省高级人民法院（2014）粤高法刑二终字第 137 号刑事裁定和深圳市中级人民法院（2014）深中法刑二初字第 27 号刑事判决中对原审被告人马某的定罪部分。

二、撤销广东省高级人民法院（2014）粤高法刑二终字第 137 号刑事裁定和深圳市中级人民法院（2014）深中法刑二初字第 27 号刑事判决中对原审被告人马某的量刑及追缴违法所得部分。

三、原审被告人马某犯利用未公开信息交易罪，判处有期徒刑 3 年，并处罚金人民币 1913 万元。

四、违法所得人民币 19120246.98 元依法予以追缴，上缴国库。

| 裁判理由 |

最高人民法院（2015）刑抗字第 1 号刑事判决认为，原审被告人马某的行

为已构成利用未公开信息交易罪。马某利用未公开信息交易股票76只，累计成交额 10.5 亿余元，非法获利 1912 万余元，属于情节特别严重。鉴于马某具有主动从境外回国投案自首法定从轻、减刑处罚情节；在未受控制的情况下，将股票兑成现金存在涉案三个账户中并主动向中国证监会说明情况，退还了全部违法所得，认罪悔罪态度好，赃款未挥霍，原判罚金刑得以全部履行等酌定从轻处罚情节，对马某可予减轻处罚。第一审判决、第二审裁定认定事实清楚，证据确实、充分，定罪准确，但因对法律条文理解错误，量刑不当，应予纠正。

本案事实清楚，定罪准确，争议的焦点在于如何正确理解《刑法》第 180 条第 4 款对于第 1 款的援引以及如何把握利用未公开信息交易罪 "情节特别严重" 的认定标准。

1. 对《刑法》第 180 条第 4 款援引第 1 款量刑情节的理解和把握

最高人民法院认为，《刑法》第 180 条第 4 款援引法定刑的情形，应当是对第 1 款全部法定刑的引用，即利用未公开信息交易罪应有 "情节严重" "情节特别严重" 两种情形和两个量刑档次。这样理解的具体理由如下：

（1）符合刑法的立法目的。由于我国基金、证券、期货等领域中，利用未公开信息交易的行为比较多发，行为人利用公众投入的巨额资金作后盾，以提前买入或者提前卖出的手段获得巨额非法利益，将风险与损失转嫁给其他投资者，不仅对其任职单位的财产利益造成损害，而且严重破坏了公开、公正、公平的证券市场原则，严重损害了客户投资者或处于信息弱势的散户利益，严重损害了金融行业信誉，影响投资者对金融机构的信任，进而对资产管理和基金、证券、期货市场的健康发展产生严重影响。为此，《刑法修正案（七）》新增利用未公开信息交易罪，并将该罪与内幕交易、泄露内幕信息罪规定在同一法条中。这说明两罪的违法与责任程度相当，利用未公开信息交易罪也应当适用"情节特别严重"。

（2）符合法条的文意。首先，《刑法》第 180 条第 4 款中的 "情节严重" 是入罪条款。其次，该款中 "情节严重" 并不兼具量刑条款的性质。《刑法》条文中大量存在 "情节严重" 兼具定罪条款及量刑条款性质的情形，但无一例外均在其后列明了具体的法定刑。《刑法》第 180 条第 4 款中 "情节严重" 之后，并未列明具体的法定刑，而是参照内幕交易、泄露内幕信息罪的法定刑。因此，本款中的 "情节严重" 仅具有定罪条款的性质，而不具有量刑条款的性质。

（3）符合援引法定刑立法技术的理解。援引法定刑是指对某一犯罪并不规定独立的法定刑，而是援引其他犯罪的法定刑作为该犯罪的法定刑。

综上，《刑法》第 180 条第 4 款虽然没有明确表述"情节特别严重"，但是根据本条款设立的立法目的、法条文意及立法技术，应当包含"情节特别严重"的情形和量刑档次。

2. 利用未公开信息交易罪"情节特别严重"的认定标准

目前，虽然没有关于利用未公开信息交易罪"情节特别严重"认定标准的专门规定，但鉴于《刑法》规定利用未公开信息交易罪参照内幕交易、泄露内幕信息罪的规定处罚，《最高人民法院、最高人民检察院关于办理内幕交易、泄露内幕信息刑事案件具体应用法律若干问题的解释》将成交额 250 万元以上、获利 75 万元以上等情形认定为内幕交易、泄露内幕信息罪"情节特别严重"的标准，利用未公开信息交易罪也应当遵循相同的标准。马某利用未公开信息进行交易活动，累计成交额达 10.5 亿余元，非法获利达 1912 万余元，已远远超过上述标准，且在案发时属全国查获的该类犯罪数额最大者，参照《最高人民法院、最高人民检察院关于办理内幕交易、泄露内幕信息刑事案件具体应用法律若干问题的解释》，马某的犯罪情节应当属于"情节特别严重"。

（二）律师评析

2016 年 6 月 30 日，最高人民法院发布了指导案例 61 号"马某利用未公开信息交易案"（以下简称"马某案"），该案非常有典型意义。在我国的司法实践中，最高人民法院的判决会在很大程度上影响下级法院对于同类案件的认定与处理。

1. 指导案例对于同类案件处理具有重要意义

2021 年 3 月 3 日上午，最高人民法院发布了第 27 批 9 个指导性案例（第 148—156 号）。截至 2022 年 1 月，最高人民法院共发布 31 批 178 个指导性案例（其中第 9 号、第 20 号已废止）。在证券法领域，指导案例较少，指导案例 61 号"马某利用未公开信息交易案"是证券法领域的一个较为典型案例。

从立法技术的层面上讲，我国《刑法》分则中规定的规范结构均存在两个部分：前一部分是有关犯罪构成的规定，后一部分是有关法定刑的规定。[7] 由于《刑法》第 180 条对内幕交易、泄露内幕信息罪的规定除了"情节

---

[7] 参见古加锦：《利用未公开信息交易罪司法适用的疑难问题研究》，载《政治与法律》2015 年第 2 期。

严重"这一档法定刑，还包括"情节特别严重"这一档。因此在司法实践中，利用未公开信息交易罪的法定刑有几个幅度就成为一个有争议的问题：是单一的"情节严重"量刑幅度，还是"情节严重"与"情节特别严重"两种量刑幅度都包括？通过查阅该类刑事判决，笔者了解到，2015 年"马某案"出现之前，涉及利用未公开信息交易罪的终审判决都是在"情节严重"对应的刑罚幅度进行量刑。

就马某案的审判情况来看，其核心问题就是《刑法》第 180 条第 1 款和第 4 款的关系，即援引法定刑的适用问题。"援引法定刑，是指对 A 犯罪行为的处罚，刑法分则没有直接规定具体的刑罚种类和刑罚幅度，而是规定依照 B 犯罪行为的法定刑进行处罚。"[8] 马某案涉及对《刑法》第 180 条第 4 款援引法定刑的理解，即利用未公开信息交易罪是否具有"情节特别严重"的量刑情节和量刑档次。最终，最高人民法院认为利用未公开信息罪应当包含"情节特别严重"的情形和量刑档次，并对马某在"情节特别严重"的量刑范围内进行了处罚。最高人民法院将其作为指导案例发布出来，对统一法律适用标准，指导全国法院正确审理同类案件具有现实意义。在"马某案"出现之后，此类案件的量刑开始偏向"情节特别严重"这一幅度。

马某案在我国刑事司法中具有非常重要的意义，也开创了几个"第一"：这是第一个三级检察机关进行接力棒式抗诉的经济案件，是第一个由最高人民检察院抗诉的"老鼠仓"案件，是第一个由最高人民检察院向最高人民法院单独就法律适用问题提出抗诉的案件。

2. 法律解释的方法对于案件的处理结果具有重要影响

法律解释的方法是在进行法律解释时为了达到解释的目标所使用的方法。任何一个案件的合法解决都需要找到作为裁判基础的法律规范。但是，就世界大多数国家的法律而言，无论立法者在立法时经过了多久的深思熟虑，都会存在法律漏洞、法律条文歧义或者含混不清等情况。

对于司法实践而言，掌握法律解释的方法，利用各种解释方法来填补法律漏洞，使得疑难案件的裁判更贴近法律条文自身的含义是非常必要的，具有不可替代的作用。"刑法规范的体系解释不仅能够强化论证利用未公开信息交易罪具有'情节严重''情节特别严重'两档量刑情节，而且还能从刑法规范文本

---

〔8〕 参见古加锦：《利用未公开信息交易罪司法适用的疑难问题研究》，载《政治与法律》2015 年第 2 期，第 49 页。

在司法适用的具体差异中探究'情节特别严重'能否以及如何实际适用于利用未公开信息交易罪。"[9]我国《刑法》分则对某些犯罪行为采取援引法定刑的规定方式是因为，这些行为与被援引法定刑的犯罪的性质近似、社会危害程度相当，从立法技术上进行了取舍，以避免法条表述的重复与啰唆。在适用这些条文时，需要注重体系解释。"所谓体系解释，是指根据刑法条文在整个刑法中的地位，联系相关法条的含义，阐明其规范意旨的解释方法。"[10]运用体系解释的目的在于避免断章取义和法律适用前后矛盾，对类似案件做相似处理。运用体系解释的方法予以分析，可以得出利用未公开信息交易罪的法定刑与内幕交易、泄露内幕信息罪的法定刑都存在"情节特别严重"这一量刑幅度的结论。

3. 再审改判凸显了最高人民法院的司法导向

在马某案之前，已经有很多生效的刑事判决明确认为《刑法》第180条第4款只是对第1款的部分援引。《刑法修正案（七）》实施开始至马某案前，对于利用未公开信息交易犯罪的处罚是没有"情节特别严重"这一档次的，几乎所有的案件中行为人仅仅被判处了缓刑。正是此种量刑导致了司法实践中大量"老鼠仓"犯罪案件被从轻适用刑罚，处罚畸轻在客观上也助长了"老鼠仓"犯罪案件的频发，社会危害性也越来越大。马某利用未公开信息交易案再审获得改判使得该罪名的量刑幅度有了明确，凸显了最高审判机关对法治立场的守护。

（三）相关法条及司法解释

《中华人民共和国刑法》

第一百八十条 证券、期货交易内幕信息的知情人员或者非法获取证券、期货交易内幕信息的人员，在涉及证券的发行，证券、期货交易或者其他对证券、期货交易价格有重大影响的信息尚未公开前，买入或者卖出该证券，或者从事与该内幕信息有关的期货交易，或者泄露该信息，或者明示、暗示他人从事上述交易活动，情节严重的，处五年以下有期徒刑或者拘役，并处或者单处违法所得一倍以上五倍以下罚金；情节特别严重的，处五年以上十年以下有期徒刑，并处违法所得一倍以上五倍以下罚金。

---

[9] 谢杰：《利用未公开信息交易罪量刑情节的刑法解释与实践适用——"老鼠仓"抗诉案引发的资本市场犯罪司法解释反思》，载《政治与法律》2015年第7期，第40页。

[10] 参见张明楷：《刑法学》（第3版），法律出版社2007年版，第38页。

单位犯前款罪的，对单位判处罚金，并对其直接负责的主管人员和其他直接责任人员，处五年以下有期徒刑或者拘役。

内幕信息、知情人员的范围，依照法律、行政法规的规定确定。

证券交易所、期货交易所、证券公司、期货经纪公司、基金管理公司、商业银行、保险公司等金融机构的从业人员以及有关监管部门或者行业协会的工作人员，利用因职务便利获取的内幕信息以外的其他未公开的信息，违反规定，从事与该信息相关的证券、期货交易活动，或者明示、暗示他人从事相关交易活动，情节严重的，依照第一款的规定处罚。

《最高人民检察院 公安部关于公安机关管辖的刑事案件立案追诉标准的规定（二）》（2022 年修订）

第三十一条 ［利用未公开信息交易案（刑法第一百八十条第四款）］证券交易所、期货交易所、证券公司、期货公司、基金管理公司、商业银行、保险公司等金融机构的从业人员以及有关监管部门或者行业协会的工作人员，利用因职务便利获取的内幕信息以外的其他未公开的信息，违反规定，从事与该信息相关的证券、期货交易活动，或者明示、暗示他人从事相关交易活动，涉嫌下列情形之一的，应予立案追诉：

（一）获利或者避免损失数额在一百万元以上的；

（二）二年内三次以上利用未公开信息交易的；

（三）明示、暗示三人以上从事相关交易活动的；

（四）具有其他严重情节的。

利用未公开信息交易，获利或者避免损失数额在五十万元以上，或者证券交易成交额在五百万元以上，或者期货交易占用保证金数额在一百万元以上，同时涉嫌下列情形之一的，应予立案追诉：

（一）以出售或者变相出售未公开信息等方式，明示、暗示他人从事相关交易活动的；

（二）因证券、期货犯罪行为受过刑事追究的；

（三）二年内因证券、期货违法行为受过行政处罚的；

（四）造成其他严重后果的。

三、利用间接证据也可以构建证明体系

金融类犯罪大多属于行为人精心策划、严密组织实施的犯罪，犯罪的隐蔽

性强、专业化程度高，相应的证据容易被隐匿或者毁灭，因此证明犯罪的难度较大。这就需要司法机关充分运用各种证明手段来证明犯罪的发生。最高人民检察院检例第 65 号，"王某等人利用未公开信息交易案"就是典型的案例之一。

（一）典型案例

☞ 王某等人利用未公开信息交易案[11]

【关键词】利用未公开信息交易　间接证据

| 基本案情 |

被告人：王某，男，某基金管理有限公司原债券交易员。

被告人：王某强，男，无业，系王某父亲。

被告人：宋某某，女，无业，系王某母亲。

2008 年 11 月至 2014 年 5 月，被告人王某担任某基金管理有限公司（以下简称"某基金公司"）交易管理部债券交易员。在工作期间，王某作为债券交易员的个人账号为 6610。因工作需要，某基金公司为王某等债券交易员开通了恒生系统 6609 账号的站点权限。自 2008 年 7 月 7 日起，该 6609 账号开通了股票交易指令查询权限，王某有权查询证券买卖方向、投资类别、证券代码、交易价格、成交金额、下达人等股票交易相关未公开信息；自 2009 年 7 月 6 日起，又陆续增加了包含委托流水、证券成交回报、证券资金流水、组合证券持仓、基金资产情况等未公开信息的查询权限。2011 年 8 月 9 日，因新系统启用，某基金公司交易管理部申请关闭了所有债券交易员登录 6609 账号的权限。

2009 年 3 月 2 日至 2011 年 8 月 8 日期间，被告人王某多次登录 6609 账号获取某基金公司股票交易指令等未公开信息，王某强、宋某某操作名为"牛某""宋某 1""宋某 2"的证券账户，同期或稍晚于某基金公司进行证券交易，与某基金公司交易指令高度趋同，证券交易金额共计 8.78 亿余元，非法获利共计 1773 万余元。其中，王某强交易金额 9661 万余元，非法获利 201 万余元；宋某某交易金额 7.8 亿余元，非法获利 1572 万余元。

2015 年 6 月 5 日，重庆市公安局以被告人王某、王某强、宋某某涉嫌利用未公开信息交易罪移送重庆市人民检察院第一分院审查起诉。审查起诉阶段，

----

[11] 重庆市第一中级人民法院（2015）渝一中法刑初字第 00162 号。

重庆市人民检察院第一分院审查了全案卷宗，讯问了被告人。被告人王某辩称，没有获取未公开信息的条件，也没有向其父母传递过未公开信息。被告人王某强、宋某某辩称，王某没有向其传递过未公开信息，买卖股票均根据自己的判断进行。针对三人均不供认犯罪事实的情况，为进一步查清王某与王某强、宋某某是否存在利用未公开信息交易行为，重庆市人民检察院第一分院将本案两次退回重庆市公安局补充侦查。经补充侦查，三名被告人仍不供认犯罪事实，重庆市公安局补充收集了证据，进一步补强证明王某具有获取和传递信息的条件，王某强、宋某某交易习惯的显著异常性等事实。2015 年 12 月 18 日，重庆市人民检察院第一分院以利用未公开信息交易罪对王某、王某强、宋某某提起公诉。重庆市第一中级人民法院公开开庭审理本案。

| 裁判结果 |

2018 年 3 月 28 日，重庆市第一中级人民法院作出一审判决，以利用未公开信息交易罪，分别判处：被告人王某有期徒刑 6 年零 6 个月，并处罚金人民币 900 万元；被告人宋某某有期徒刑 4 年，并处罚金人民币 690 万元；被告人王某强有期徒刑 3 年零 6 个月，并处罚金人民币 210 万元。对三名被告人违法所得依法予以追缴，上缴国库。

宣判后，三名被告人均未提出上诉，判决已生效。

| 裁判理由 |

法庭调查阶段，公诉人宣读起诉书指控三名被告人构成利用未公开信息交易罪，并对三名被告人进行了讯问。三名被告人均不供认犯罪事实。公诉人全面出示证据，并针对被告人不供认犯罪事实的情况进行重点举证。

第一，出示王某与某基金公司的《劳动合同》和《保密管理办法》、6609 账号使用权限、操作方法和操作日志、某基金公司交易室照片等证据，证实：王某在 2009 年 1 月 15 日至 2011 年 8 月 9 日期间能够通过 6609 账号登录恒生系统查询到某基金公司对股票和债券的整体持仓和交易情况、指令下达情况、实时头寸变化情况等，王某具有获取某基金公司未公开信息的条件。

第二，出示王某登录 6610 个人账号的日志、6609 账号权限设置和登录日志、某基金公司工作人员证言等证据，证实：交易员的账号只能在本人电脑上登录，具有唯一性，可以锁定王某的电脑只有王某一人使用；王某通过登录 6609 账号查看了未公开信息，且登录次数明显多于 6610 个人账号，与其他债券交易员登录 6609 账号情况相比存在异常。

第三，出示某基金公司股票指令下达执行情况，牛某、宋某1、宋某2三个证券账户不同阶段的账户资金对账单、资金流水、委托流水及成交流水以及牛某、宋某1、宋某2的证言等证据，证实：（1）三个证券账户均替王某强、宋某某开设并由他们使用。（2）三个账户证券交易与某基金公司交易指令高度趋同。在王某拥有登录6609账号权限之后，王某强操作牛某证券账户进行股票交易，牛某证券账户在2009年3月6日至2011年8月2日间，买入与某基金旗下股票基金产品趋同股票233只，占比93.95%，累计趋同买入成交金额9661.26万元，占比95.25%。宋某某操作宋某1、宋某2证券账户进行股票交易，宋某1证券账户在2009年3月2日至2011年8月8日期间，买入趋同股票343只，占比83.05%，累计趋同买入成交金额1.04亿余元，占比90.87%。宋某2证券账户在2010年5月13日至2011年8月8日期间，买入趋同股票183只，占比96.32%，累计趋同买入成交金额6.76亿元，占比97.03%。（3）交易异常频繁，明显背离三个账户在王某具有获取未公开信息条件前的交易习惯。从买入股数看，2009年之前每笔买入股数一般为数百股，2009年之后买入股数多为数千甚至上万股；从买卖间隔看，2009年之前买卖间隔时间多为几天甚至更久，但2009年之后买卖交易频繁，买卖间隔时间明显缩短，多为一至两天后卖出。（4）牛某、宋某1、宋某2三个账户停止股票交易时间与王某无权查看6609账号时间即2011年8月9日高度一致。

第四，出示王某、王某强、宋某某和牛某、宋某1、宋某2的银行账户资料、交易明细、取款转账凭证等证据，证实：三个账户证券交易资金来源于王某强、宋某某和王某，王某与宋某某、王某强及其控制的账户之间存在大额资金往来记录。

法庭辩论阶段，公诉人发表公诉意见指出，虽然三名被告人均拒不供认犯罪事实，但在案其他证据能够相互印证，形成完整的证据链条，足以证明：王某具有获取某基金公司未公开信息的条件。王某强、宋某某操作的证券账户在王某具有获取未公开信息条件期间的交易行为与某基金公司的股票交易指令高度趋同，且二人的交易行为与其在其他时间段的交易习惯存在重大差异，明显异常。对上述异常交易行为，二人均不能作出合理解释。王某作为基金公司的从业人员，在利用职务便利获取未公开信息后，由王某强、宋某某操作他人账户从事与该信息相关的证券交易活动，情节特别严重，均应当以利用未公开信息交易罪追究刑事责任。

王某辩称，没有利用职务便利获取未公开信息，亦未提供信息让王某强、宋某某交易股票，对王某强、宋某某交易股票的事情并不知情；其辩护人认为，现有证据只能证明王某有条件获取未公开信息，而不能证明王某实际获取了该信息，同时也不能证明王某本人利用未公开信息从事交易活动，或王某让王某强、宋某某从事相关交易活动。王某强辩称，王某从未向其传递过未公开信息，王某到某基金公司后就不知道其还在进行证券交易；其辩护人认为，现有证据不能证实王某向王某强传递了未公开信息，及王某强利用了王某传递的未公开信息进行证券交易。宋某某辩称，没有利用王某的职务之便获取未公开信息，也未利用未公开信息进行证券交易；其辩护人认为，宋某某不是本罪的适格主体，本案指控证据不足。

针对三名被告人及其辩护人的辩护意见，公诉人结合在案证据进行答辩，进一步论证本案证据确实、充分，足以排除其他可能。第一，王某强、宋某某与王某为亲子关系，关系十分密切。从王某强、宋某某的年龄、从业经历、交易习惯来看，王某强、宋某某不具备专业股票投资人的背景和经验，且始终无法对交易异常行为作出合理解释。第二，王某在证监会到某基金公司对其调查时，出逃，且离开后再没有回到某基金公司工作，亦未办理请假或离职手续。其辩称系因担心证监会工作人员到他家中调查才离开，逃跑行为及理由明显不符合常理。第三，刑法规定利用未公开信息罪的主体为特殊主体，虽然王某强、宋某某本人不具有特殊主体身份，但其与具有特殊主体身份的王某系共同犯罪，主体适格。

法庭经审理认为，本案现有证据已形成完整锁链，能够排除合理怀疑，足以认定王某、王某强、宋某某构成利用未公开信息交易罪，三名被告人及其辩护人提出的本案证据不足的意见不予采纳。

（二）律师评析

在我国的司法实践中，刑事案件的证明标准是"案件事实清楚，证据确实、充分"，而对这一标准具体到底如何把握还存在争议。但是，争议归争议，即使案件缺少直接证据，司法机关在办案中也会考虑通过间接证据构建完整的证明体系。

1. 证明标准有明确的法律规定，但适用需要解释

《刑事诉讼法》第 55 条第 2 款的规定是我国刑事证明标准的法律依据，该

款规定："证据确实、充分，应当符合以下条件：（一）定罪量刑的事实都有证据证明；（二）据以定案的证据均经法定程序查证属实；（三）综合全案证据，对所认定事实已排除合理怀疑。"在司法实践中，对于刑事案件，司法机关会将上述三个条件逐一考量，从而得出一个确定的结论。关于这个三个条件如何把握，则需要具体到每个案件中进行具体分析，在适用的时候，还需要检察官、法官通过解释进行适用。

侦查阶段、提起公诉阶段以及法院判决有罪是否应当贯彻同一证明标准，是有争议的。一种观点主张，法律在三个环节均要求"证据确实、充分"的做法未体现出证明标准的层次性，是不合理的。[12] 也有观点认为，至少在当前条件下，三阶段适用统一证明标准有其必要。[13] 根据《刑事诉讼法》第55条第2款的规定，该证明标准应同时适用于侦查、起诉和审判三个环节。

2. 通过间接证据可以构建证明体系

对于公诉案件，检察机关的办案人员应当构建起明确的证明体系。假如某一案件的证明体系中证明环节有缺陷甚至缺少关键节点，则需要补强证据。比较常见的方式是检察机关引导侦查机关取证、退回侦查机关补充侦查，明确补充侦查的要求和需要补充的证据。一般而言，补充侦查的这些证据大多属于间接证据。"凡不能够直接证明案件主要事实的证据，是间接证据。"[14] 运用间接证据也可以证实犯罪发生，间接证据需要在全案各个环节上都形成完整的证据链条，做到无懈可击。在某些案件中，能够收集到的证据只有间接证据，同时犯罪嫌疑人、被告人又拒绝承认犯罪行为。在这种比较极端的情况下，只要收集到足够数量的间接证据，形成完整的证据链，经过查证属实，就可以变成定罪量刑的依据。

在本案中，检察机关办案人员就通过间接证据构建了完整的证明体系。第一，对三名被告被控犯罪的时间段与其他时间段的证券交易数据、未公开信息等证据进行比照，证明交易与未公开信息的关联性、交易的趋同度等。第二，通过资金往来与身份关系等证据证明被告具备传递未公开信息的动机与条件。第三，通过专业背景、经历等证据，证明不符合专业人士背景的交易与交易者

---

[12] 参见陈卫东、刘计划：《关于完善我国刑事证明标准体系的若干思考》，载《法律科学》2001 年第 3 期，第 71 页。

[13] 参见孙皓：《论刑事证明标准的"层次化"误区》，载《当代法学》2017 年第 4 期。

[14] 高映浩、殷惠芝：《论刑事诉讼中的间接证据》，载《法学评论》1992 年第 5 期，第 82 页。

的个人能力是不匹配的。

3. 在间接证据审查判断中需要排除合理怀疑

在司法实践中，证据存在疑问的案件主要包括两类：一是现有证据不足以证明行为人实施了犯罪，而且也难以补充证据；二是现有证据不足以证明行为人实施了犯罪，但还有较大的调查收集证据的空间。对这两类案件的处理也是不同的。

在利用未公开信息交易案的犯罪嫌疑人、被告人不供认犯罪事实的情况下，需要重点收集的证据包括：犯罪嫌疑人、被告人获取未公开信息的便利条件、时间、交易是否异常、利益关联程度如何、行为人是否有证券行业的背景等。这些证据形成完整的证据链之后还需要判断是否能够排除合理怀疑。"'排除合理怀疑'标准又被称为'唯一性'或'排他性'标准。根据这一要求，对定罪事实和从重量刑事实的证明需要达到排除其他可能性的程度，也就是将其他可能性分别提出，并逐一加以否定，最终确定'何人'出于'何种主观故意或过失'做了'何事'，造成了'何种结果'。"[15] 在一个案件中，合理怀疑是对案件的全部证据进行细致的梳理及推理后，对于证据间的矛盾、冲突予以固定，从而推导出可以动摇本案事实确认的怀疑。在本案中，犯罪嫌疑人、被告人的辩解不具有合理性，法院可以认定公诉机关的指控能够排除合理怀疑，一系列间接证据可以作为认定案件的证据。

（三）相关法条及司法解释

《中华人民共和国刑法》

第一百八十条 证券、期货交易内幕信息的知情人员或者非法获取证券、期货交易内幕信息的人员，在涉及证券的发行，证券、期货交易或者其他对证券、期货交易价格有重大影响的信息尚未公开前，买入或者卖出该证券，或者从事与该内幕信息有关的期货交易，或者泄露该信息，或者明示、暗示他人从事上述交易活动，情节严重的，处五年以下有期徒刑或者拘役，并处或者单处违法所得一倍以上五倍以下罚金；情节特别严重的，处五年以上十年以下有期徒刑，并处违法所得一倍以上五倍以下罚金。

单位犯前款罪的，对单位判处罚金，并对其直接负责的主管人员和其他直

---

〔15〕 杜邈：《"排除合理怀疑"标准的司法适用》，载《法律适用》2019 年第 7 期，第 85 页。

接责任人员，处五年以下有期徒刑或者拘役。

内幕信息、知情人员的范围，依照法律、行政法规的规定确定。

证券交易所、期货交易所、证券公司、期货经纪公司、基金管理公司、商业银行、保险公司等金融机构的从业人员以及有关监管部门或者行业协会的工作人员，利用因职务便利获取的内幕信息以外的其他未公开的信息，违反规定，从事与该信息相关的证券、期货交易活动，或者明示、暗示他人从事相关交易活动，情节严重的，依照第一款的规定处罚。

《中华人民共和国刑事诉讼法》

第五十五条 对一切案件的判处都要重证据，重调查研究，不轻信口供。只有被告人供述，没有其他证据的，不能认定被告人有罪和处以刑罚；没有被告人供述，证据确实、充分的，可以认定被告人有罪和处以刑罚。

证据确实、充分，应当符合以下条件：

（一）定罪量刑的事实都有证据证明；

（二）据以定案的证据均经法定程序查证属实；

（三）综合全案证据，对所认定事实已排除合理怀疑。

《最高人民法院、最高人民检察院关于办理利用未公开信息交易刑事案件适用法律若干问题的解释》

第一条 刑法第一百八十条第四款规定的"内幕信息以外的其他未公开的信息"，包括下列信息：

（一）证券、期货的投资决策、交易执行信息；

（二）证券持仓数量及变化、资金数量及变化、交易动向信息；

（三）其他可能影响证券、期货交易活动的信息。

第二条 内幕信息以外的其他未公开的信息难以认定的，司法机关可以在有关行政主（监）管部门的认定意见的基础上，根据案件事实和法律规定作出认定。

四、利用未公开信息交易罪中"违反规定"的认定

根据《刑法》第 180 条之规定，"违反规定"对于利用未公开信息交易罪而言是比较重要的要件。虽然"违反规定"是本罪的罪状描述，但是其中具体包括哪些规定却没有明确的解释。因此，"违反规定"成为一些案件中控辩双方争议的焦点问题之一，"李某某利用未公开信息交易案"就是反映这一问题的案例。

（一）典型案例

☞ 李某某利用未公开信息交易案[16]

【关键词】 引诱　刑讯逼供　利用未公开信息交易罪

| 基本案情 |

被告人李某某，原系交银施罗德基金管理有限公司（以下简称"基金公司"）投资决策委员会主席、投资总监兼该公司蓝筹股票证券投资基金（以下简称"蓝筹基金"）经理。2011 年 8 月 26 日，因涉嫌犯利用未公开信息交易罪被逮捕。

上海市人民检察院第一分院以被告人李某某犯利用未公开信息交易罪，向上海市第一中级人民法院提起公诉。

上海市第一中级人民法院经公开审理查明：2005 年 8 月至 2009 年 5 月，被告人李某某担任基金公司投资决策委员会主席、投资总监，2007 年 8 月开始兼任该公司蓝筹基金经理。在此期间，李某某参与基金公司所有基金的投资决策，并对蓝筹基金进行股票投资拥有决定权。2009 年 4 月 7 日，在基金公司旗下蓝筹基金、交银施罗德成长股票证券投资基金（以下简称"成长基金"）进行工商银行和建设银行股票买卖的信息尚未披露前，李某某指令五矿证券深圳华富路证券营业部（现为五矿证券深圳金田路证券营业部，以下简称"五矿金田营业部"）总经理李某君，在名为"岳彭建""童国强"实为李某某等控制的证券账户内，先于或者同期基金公司买入工商银行、建设银行股票，累计成交额人民币（以下币种同）52263797.34 元，并于同年 6 月将上述股票全部卖出，股票交易累计获利 8992399.86 元，同时分得股票红利 1723342.50 元。

上海市第一中级人民法院认为，被告人李某某作为基金管理公司的从业人员，利用因职务便利获取的未公开信息，违反规定，从事与该信息相关的证券交易活动，情节严重，其行为构成利用未公开信息交易罪。据此，依照《刑法》第 180 条第 1 款、第 4 款，第 53 条，第 64 条之规定，上海市第一中级人民法院以利用未公开信息交易罪，判处被告人李某某有期徒刑 4 年，并处罚金 1800 万

----

[16] 上海市高级人民法院，案例编号：第 941 号，来源：北大法宝网站，【法宝引证码】CLI. C. 3712272 。

元；违法所得 10715742.36 元予以追缴。

一审判决后，被告人李某某向上海市高级人民法院提起上诉，辩称其未指令李某君购买工商银行、建设银行股票。

| 裁判结果 |

上海市高级人民法院裁定驳回上诉，维持原判。

| 裁判理由 |

上诉人李某某的二审辩护人向上海市高级人民法院提出以下辩护理由：(1) 李某某的认罪供述是在侦查阶段受到侦查人员以缓刑引诱、以"不配合工作便抓捕其妻子袁某某"相胁迫的情况下作出的；袁某某的证言是在侦查人员要求李某某给袁某某写信，李某某在信中描述相关情节后，袁某某按信中内容陈述的。故请求排除李某某在侦查、审查起诉、一审期间的所有认罪供述以及证人袁某某于 2011 年 9 月 5 日在侦查机关指证李某某指令李某君购买股票的证言。(2) 证明李某某指令李某君购买工商银行、建设银行股票的证据不足，不排除涉案相关股票系李某君为提高自己的业绩自行决定购买，原判认定李某某犯利用未公开信息交易罪的事实不清，证据不足。(3) 涉案账户对工商银行、建设银行股票的交易，不符合以低价先于基金公司买入并以高价先于基金公司卖出的"先买先卖"的客观特征，李某某的行为不构成利用未公开信息交易罪。(4) 工商银行、建设银行都是超级大盘股，基金公司旗下基金对其股票的买入，不可能拉升其股价，认定李某某利用未公开信息指令李某君购买上述股票，不符合情理。(5) 根据《刑法》第 180 条第 4 款的规定，构成利用未公开信息交易罪必须"违反规定"，李某某没有违反规定，故不构成犯罪。

在开庭审理过程中，法庭就证据收集的合法性进行了调查。上海市人民检察院出庭检察员当庭决定，对袁某某 2011 年 9 月 5 日在侦查机关指证李某某指令李某君购买股票的证言予以撤回，不作指控证据使用。辩护人出示和宣读了二审期间会见李某某所作的笔录及检察机关对李某某所作的讯问笔录、李某某在侦查阶段写给袁某某的两封信以及其写给李某君的一封信、袁某某亲笔书写的情况说明等线索材料。根据出庭检察员的申请，法庭通知本案两名侦查人员出庭说明情况。合议庭经休庭评议后当庭宣布，根据对李某某供述认罪过程和相关录音录像资料的审查，结合法庭调查查明的事实和证据，李某某及其辩护人提供的相关线索材料不能证明侦查人员讯问李某某时实施了刑讯逼供行为，也不能证明侦查人员胁迫、引诱李某某供认犯罪事实。李某某供认的作案过程及相关细节系其自行叙述形成，李某某及其辩护人提出侦查人员胁迫、引诱李某某供述犯罪事实查无实据。据此，合议庭决定，对李某某及其辩护人提出排除李某某认罪供述的申请不予支持；对袁某某 2011 年 9 月 5 日在侦查机关所作的证言，鉴于李某某及其辩护人申请排除，检察员也已当庭决定撤回不作指控证据使用，故决定予以排除。

上海市高级人民法院经审理后认为，原判认定李某某犯利用未公开信息交易罪的事实清楚，证据确实、充分，适用法律正确，量刑适当，审判程序合法。上诉人李某某提出的上诉理由及其辩护人提出的辩护意见均不能成立。

（二）律师评析

在一些运用空白罪状规定的罪名中，空白罪状如何适用会引发争议，尤其是控辩双方的立场迥异，会把空白罪状作为着力点。

1. 《刑法》上存在空白罪状对于个案罪名很重要

利用未公开信息交易罪在我国的司法实践中表现出了"无先而后"的立法特点，导致了一系列问题亟待研究、解决。[17] 该罪名在立法上采用了空白罪状的立法模式。"空白罪状，即法律条文指明要参照其他法律法规的规定来判断是否符合某一犯罪构成的罪状。"[18] "违反规定"的说法在《刑法》条文中出现属于《刑法》中的空白罪状，在《刑法》分则中类似的表述是很多的。其表达方式主要有"违反国家规定""违反……的规定"等。这些空白罪状适用时会遇到各种各样的问题，这恰恰为控辩双方交锋埋下了伏笔。

2. 对于"违反规定"的认识

对于利用未公开信息交易罪，法律条文中的表述采用的是"违反规定"的说法，这属于空白罪状，也是控辩双方辩论的焦点问题之一。在李某某利用未公开信息交易案中，李某某的行为是否符合利用未公开信息交易罪的构成要件，在"违反规定"的问题上，辩护律师和公诉机关也存在认识上的重大分歧。

本案公诉机关认为，李某某实施的利用未公开信息交易的行为不但违背了法律，也违背了证监会对此作出的规定，应当以利用未公开信息交易罪追究其刑事责任。其暗含的意思是，此处的"违反规定"既包括了违反法律、法规，

---

[17] 参见汪全胜：《立法技术评估的探讨》，载《西南民族大学学报（人文社科版）》2009 年第 5 期。
[18] 高铭暄、马克昌主编：《刑法学》（第 5 版），北京大学出版社 2011 年版，第 322 页。

又包括了违反部门规章、行业规范。辩护律师则认为，利用未公开信息交易罪的构成要件要得到满足，需要行为人的行为必须"违反规定"，而此处的"规定"应该仅限于《基金法》，而该法没有明文规定利用未公开信息进行交易活动的情形，所以李某某没有违反规定，故不构成犯罪。法院最终采纳了公诉机关的意见，表明法院认可了"违反规定"是广义的含义，不仅仅指违反法律、法规的规定。

（三）相关法条及司法解释

《中华人民共和国刑法》

第六十四条　犯罪分子违法所得的一切财物，应当予以追缴或者责令退赔；对被害人的合法财产，应当及时返还；违禁品和供犯罪所用的本人财物，应当予以没收。没收的财物和罚金，一律上缴国库，不得挪用和自行处理。

第一百八十条　证券、期货交易内幕信息的知情人员或者非法获取证券、期货交易内幕信息的人员，在涉及证券的发行，证券、期货交易或者其他对证券、期货交易价格有重大影响的信息尚未公开前，买入或者卖出该证券，或者从事与该内幕信息有关的期货交易，或者泄露该信息，或者明示、暗示他人从事上述交易活动，情节严重的，处五年以下有期徒刑或者拘役，并处或者单处违法所得一倍以上五倍以下罚金；情节特别严重的，处五年以上十年以下有期徒刑，并处违法所得一倍以上五倍以下罚金。

单位犯前款罪的，对单位判处罚金，并对其直接负责的主管人员和其他直接责任人员，处五年以下有期徒刑或者拘役。

内幕信息、知情人员的范围，依照法律、行政法规的规定确定。

证券交易所、期货交易所、证券公司、期货经纪公司、基金管理公司、商业银行、保险公司等金融机构的从业人员以及有关监管部门或者行业协会的工作人员，利用因职务便利获取的内幕信息以外的其他未公开的信息，违反规定，从事与该信息相关的证券、期货交易活动，或者明示、暗示他人从事相关交易活动，情节严重的，依照第一款的规定处罚。

《最高人民法院、最高人民检察院关于办理利用未公开信息交易刑事案件适用法律若干问题的解释》

第一条　刑法第一百八十条第四款规定的"内幕信息以外的其他未公开的信息"，包括下列信息：

（一）证券、期货的投资决策、交易执行信息；

（二）证券持仓数量及变化、资金数量及变化、交易动向信息；

（三）其他可能影响证券、期货交易活动的信息。

第三条 刑法第一百八十条第四款规定的"违反规定"，是指违反法律、行政法规、部门规章、全国性行业规范有关证券、期货未公开信息保护的规定，以及行为人所在的金融机构有关信息保密、禁止交易、禁止利益输送等规定。

五、利用未公开信息的交易行为及其关联性的证明

分析近年来法院审理利用未公开信息交易类案件会发现，这类案件多是证券监督管理部门利用大数据研判出某些证券账户与某基金存在趋同交易而立案调查并移送公安机关的。这就表明，利用未公开信息的交易行为与趋同交易密切联系，而趋同交易就成为该类案件中比较重要的问题。

（一）典型案例

☞ 许某某利用未公开信息交易案[19]

【关键词】 未公开信息 自首 缓刑

| 基本案情 |

公诉机关：上海市静安区人民检察院。

被告人：许某某，男，37 岁，原系光大保德信基金管理有限公司（以下简称"光大公司"）红利股票型证券投资基金（以下简称"红利基金"）、均衡精选股票型证券投资基金（以下简称"均衡基金"）经理。因涉嫌犯利用未公开信息交易罪于 2011 年 4 月 18 日被取保候审。

上海市静安区人民检察院以被告人许某某犯利用未公开信息交易罪，向上海市静安区人民法院提起公诉。

起诉书指控：被告人许某某于 2009 年 2 月 28 日至 2010 年 4 月 15 日间，利用其担任光大公司基金经理的职务便利，使用其控制的户名为"史建明"的证

-----

[19] 上海市静安区人民法院（2011）静刑初字第 362 号。

券账户，亲自或通过电话指令张某等方式，先于或同期于其管理的红利基金、均衡基金买入或卖出同一股票。经鉴定，上述期间共交易股票68只，交易金额共计人民币9500余万元，非法获利共计人民币209余万元。2011年4月18日，许某某主动至中国证监会上海稽查局接受调查，后如实向公安机关交代了上述犯罪事实。综上，许某某的行为触犯《刑法》第180条第4款之规定，构成利用未公开信息交易罪。被告人系自首，可以从轻或减轻处罚。提请以利用未公开信息交易罪追究许某某的刑事责任。

被告人许某某及其辩护人对起诉书指控的事实和罪名无异议。辩护人另辩称，被告人选择的股票主要系基于被告人的个人研究；其控制的"史建明"证券账户的收益率低于其管理的基金的收益率，其行为未对股票价格造成影响。被告人系自首，请求从轻、减轻处罚。

│ 裁判结果 │

上海市静安区人民法院依照《刑法》第180条第4款、第67条第1款、第72条、第73条第2款和第64条之规定，于2011年10月14日判决如下：

一、被告人许某某犯利用未公开信息交易罪，判处有期徒刑3年，缓刑3年，并处罚金人民币210万元。

二、被告人许某某退缴的赃款予以没收，上缴国库。

一审宣判后，被告人许某某在法定期限内未上诉，检察机关未提出抗诉，一审判决已发生法律效力。

│ 裁判理由 │

被告人许某某自2006年7月8日起担任光大公司红利基金经理，自2009年3月4日起兼任均衡基金经理，对上述两个基金的资金进行股票投资拥有决定权，直至2010年4月15日离职。2009年2月28日至2010年4月15日期间，在红利基金、均衡基金进行买卖股票情况的信息尚未披露前，被告人许某某利用职务便利，亲自或通过MSN通信、电话等方式指令张某在"史建明""王超庆"证券账户，先于或同期买入或卖出交易股票68只，金额达人民币9500余万元，非法获利达人民币209余万元。2011年4月18日，被告人许某某主动至中国证监会上海稽查局接受调查，后如实向公安机关交代了上述犯罪事实。

上述事实，有经庭审举证、质证的光大公司提供的被告人许某某任职资料，华泰证券有限责任公司提供的史建明、王超庆证券账户信息，红利基金、均衡基金交易明细资料，中国证券监督管理委员会2011年6月8日出具的《关于许某某利用未公开信息交易案有关问题的认定函》，许某某办公电话8215分机与张超手机号码 139×××2781 的通话内容，证人张某、史某某、王某某、许某高、许某明和司法鉴定结论等证据证实，足以认定。

上海市静安区人民法院认为，被告人许某某在担任基金经理期间，违反规定，利用掌握的未公开信息，从事与该信息相关的证券交易活动，先于或同步多次买入、卖出相同个股，情节严重，其行为已构成利用未公开信息交易罪，应依法予以惩处。检察机关指控许某某的犯罪事实清楚，证据确凿充分，定性正确。被告人许某某基于其基金经理的身份和投资决策权，参与制定、形成红利基金、均衡基金的投资策略，无论该投资策略是否系许某某分析、研究的结果，许某某获悉该信息都属利用职务便利。

目前，虽无证据证明被告人许某某的行为导致相关股票或基金价格重大波动，但许某某利用因职务便利获取的未公开信息进行交易，违反了诚实信用、忠实勤勉的义务，破坏了金融管理秩序，亦侵犯了不特定投资人的财产权益，许某某交易金额达人民币 9500 余万元，非法获利达人民币 209 余万元，应当认定为情节严重。

被告人许某某投案自首，退缴了全部违法所得，确有认罪悔罪表现，可依法从轻判处，并可适用缓刑。公诉人和辩护人就许某某量刑情节的公诉和辩护意见，符合事实和法律对自首处罚的规定，予以采纳。

（二）律师评析

由于证券犯罪的犯罪嫌疑人、被告人往往有较高的文化程度和较强的专业性，还具有比较强的反侦查能力，证券犯罪案件往往存在发现难、取证难、认定难的问题。利用未公开信息交易罪也存在发现难、取证难的问题。

1. 利用未公开信息的交易行为及其关联性

在法院的审判实践中，认定利用未公开信息交易罪的难点之一就是确定交易行为与未公开信息之间的关联性，即该交易行为是基于未公开信息而实施的。行为人只有利用未公开的信息从事与该信息有关联的交易活动，或者明示、暗示他人从事与该信息有关联的交易活动，才能构成利用未公开信息交易罪。交易包含了买入和卖出两种方式，在认定关联性上需要下功夫。

如果一个行为人因为职务便利知悉了内幕交易信息外的未公开信息，同时从事了与该信息有关的交易活动，那么该如何证明这笔交易活动是行为人利用了未公开信息？之所以要提出这个问题，是因为内幕交易罪认定知悉内幕信息的人员在内幕信息公开前从事相关交易即构成犯罪，并未要求行为人利用内幕信息从事证券或者期货交易，但是利用未公开信息交易罪明确规定了"利用未公开信息"这一条件。对于利用未公开信息的交易行为及其关联性的认定，公诉机关需要提供证据证明行为人利用职务之便知悉了内幕信息以外的未公开信息，并利用该信息进行提前买入、提前卖出等异常交易行为，且上述未公开信息与异常交易行为之间存在客观同质的关联性。

2. 趋同交易行为的司法认定分析

利用未公开信息交易行为的典型表现就是趋同交易。"趋同交易一般指的是犯罪主体使用私人账户进行与他管理的基金相同方向的买入卖出行为，这是利用未公开信息交易罪的重要特征。"[20] 就法院的审判实践来看，趋同交易也往往成为认定构成利用未公开信息交易罪的重要证据。从另一个角度来讲，被告人及其辩护人往往会以趋同交易的形成并非基于未公开信息而进行，交易行为与未公开信息之间不存在刑法上的因果关系为理由进行辩护。辩护方的思路主要是：第一，趋同交易并非绝对基于未公开信息，也有可能是多种因素综合作用的结果；第二，趋同交易并未实现高获利。

基于罪刑法定原则，定罪量刑应坚持主客观统一的原则。在被告人不认罪的情形下，往往很难用客观证据证明被告人的主观方面，对其主观方面的判断需要通过刑事推定的方式进行。"所谓刑事推定，是指在刑事诉讼过程中，司法人员根据事实之间的常态联系，以某一已经查明的事实推断出另一难以证明的事实存在。"[21] 在被告人主观上不认罪的情况下，对于趋同交易行为需要进行综合认定：第一，需要对被告人涉案账户的历史交易、交易风格及获利情况进行全面审查，比较形成趋同交易后的交易风格、风险偏好是否有明显的改变，是否有令人信服的理由。第二，全面审查趋同交易前后的资金量、资金来源、仓位大小等情况，判定涉案账户的资金量、资金来源及仓位是否发生了重大变化。第三，全面审查整个趋同交易的过程，看是否有逃避监督、逃避侦查的行为。

---

[20] 韩振兴、薛玉梦：《趋同交易行为的司法认定——以利用未公开信息交易罪为视角的逻辑展开》，载《山东法官培训学院学报》2020 年第 4 期，第 148 页。

[21] 韩振兴、薛玉梦：《趋同交易行为的司法认定——以利用未公开信息交易罪为视角的逻辑展开》，载《山东法官培训学院学报》2020 年第 4 期，第 151 页。

（三）相关法条及司法解释

《中华人民共和国刑法》

第六十七条　犯罪以后自动投案，如实供述自己的罪行的，是自首。对于自首的犯罪分子，可以从轻或者减轻处罚。其中，犯罪较轻的，可以免除处罚。

被采取强制措施的犯罪嫌疑人、被告人和正在服刑的罪犯，如实供述司法机关还未掌握的本人其他罪行的，以自首论。

犯罪嫌疑人虽不具有前两款规定的自首情节，但是如实供述自己罪行的，可以从轻处罚；因其如实供述自己罪行，避免特别严重后果发生的，可以减轻处罚。

第一百八十条　证券、期货交易内幕信息的知情人员或者非法获取证券、期货交易内幕信息的人员，在涉及证券的发行，证券、期货交易或者其他对证券、期货交易价格有重大影响的信息尚未公开前，买入或者卖出该证券，或者从事与该内幕信息有关的期货交易，或者泄露该信息，或者明示、暗示他人从事上述交易活动，情节严重的，处五年以下有期徒刑或者拘役，并处或者单处违法所得一倍以上五倍以下罚金；情节特别严重的，处五年以上十年以下有期徒刑，并处违法所得一倍以上五倍以下罚金。

单位犯前款罪的，对单位判处罚金，并对其直接负责的主管人员和其他直接责任人员，处五年以下有期徒刑或者拘役。

内幕信息、知情人员的范围，依照法律、行政法规的规定确定。

证券交易所、期货交易所、证券公司、期货经纪公司、基金管理公司、商业银行、保险公司等金融机构的从业人员以及有关监管部门或者行业协会的工作人员，利用因职务便利获取的内幕信息以外的其他未公开的信息，违反规定，从事与该信息相关的证券、期货交易活动，或者明示、暗示他人从事相关交易活动，情节严重的，依照第一款的规定处罚。

《最高人民法院、最高人民检察院关于办理利用未公开信息交易刑事案件适用法律若干问题的解释》

第五条　利用未公开信息交易，具有下列情形之一的，应当认定为刑法第一百八十条第四款规定的"情节严重"：

（一）违法所得数额在一百万元以上的；

（二）二年内三次以上利用未公开信息交易的；

（三）明示、暗示三人以上从事相关交易活动的。

第六条　利用未公开信息交易，违法所得数额在五十万元以上，或者证券交易成交额在五百万元以上，或者期货交易占用保证金数额在一百万元以上，具有下列情形之一的，应当认定为刑法第一百八十条第四款规定的"情节严重"：

（一）以出售或者变相出售未公开信息等方式，明示、暗示他人从事相关交易活动的；

（二）因证券、期货犯罪行为受过刑事追究的；

（三）二年内因证券、期货违法行为受过行政处罚的；

（四）造成恶劣社会影响或者其他严重后果的。

六、证监会的行政处罚决定书对于利用未公开信息交易罪认定的作用

就北京市一些法院审理利用未公开信息交易类案件的情况来看，证监会的行政处罚决定书对于利用未公开信息交易罪的认定具有重要作用。北京市第二中级人民法院审理的"郭某2、张某2利用未公开信息交易案"就是这样一个案例。

（一）典型案例

☞ 郭某2、张某2利用未公开信息交易案[22]

【关键词】认罪认罚　自首　行政处罚

| 基本案情 |

公诉机关：北京市人民检察院第二分院。

被告人：郭某2，男，案发前系某基金管理股份有限公司基金经理，因涉嫌犯利用未公开信息交易罪于2018年9月27日被取保候审。

被告人：张某2，男，案发前系某银行北京分行运营管理部职员，因涉嫌犯利用未公开信息交易罪于2018年9月27日被取保候审。

[22]　北京市第二中级人民法院（2020）京02刑初1号。

北京市人民检察院第二分院以京二分检刑诉〔2019〕164 号起诉书指控被告人郭某 2、张某 2 犯利用未公开信息交易罪提起公诉，同时提交郭某 2、张某 2 的《认罪认罚具结书》，建议对郭某 2、张某 2 适用认罪认罚从宽制度。法院立案受理后，依法组成合议庭，于 2020 年 5 月 11 日公开开庭审理了此案。

北京市人民检察院第二分院指控：2009 年 12 月至 2015 年 9 月，被告人郭某 2 在担任某 2 基金管理有限公司、某基金管理股份有限公司基金经理，负责管理某 2 领先企业混合型证券投资基金、某优质增长股票型证券投资基金等基金账户期间，利用管理上述基金账户掌握的有关投资决策、交易等方面的信息，违反规定，明示张某 2 利用其实际控制的杨某、张某 2 名下两个证券账户，先于或同期于郭某 2 管理的基金账户买入或卖出相同股票 35 只，证券交易成交额共计人民币 9700 余万元，非法获利共计人民币 700 余万元。被告人郭某 2、张某 2 于 2018 年 9 月 27 日向公安机关投案。

针对上述指控的事实，公诉人当庭宣读、出示了书证、电子数据、证人证言、被告人供述等证据，认为被告人郭某 2、张某 2 无视国家法律，利用因职务便利获取的内幕信息以外的其他未公开信息，违反规定，从事与该信息相关的证券交易活动，情节严重，二人的行为触犯了《刑法》第 180 条第 4 款、第 1 款和第 25 条的规定，应当以利用未公开信息交易罪追究二人的刑事责任，建议对二人均判处 3 年以下有期徒刑，可以适用缓刑，并处罚金。

郭某 2 及其指定辩护人、张某 2 及其辩护人对公诉机关指控的事实、罪名及量刑建议均不持异议。

郭某 2 指定辩护人提出郭某 2 具有以下从轻情节：郭某 2 主动到案后如实供述犯罪事实，系自首；对于郭某 2 在本案中利用未公开信息交易的行为，证监会已对其作出 5 年内"不得从事证券业务或者担任上市公司董事、监事、高级管理人职务"的处罚；郭某 2 自愿认罪认罚并积极缴纳案款。

张某 2 辩护人提出张某 2 具有以下从轻情节：张某 2 在共同犯罪中起次要作用，系从犯；张某 2 系初犯，到案后如实供述犯罪事实，自愿认罪认罚并积极缴纳案款。

| 裁判结果 |

一、被告人郭某 2 犯利用未公开信息交易罪，判处有期徒刑 2 年零 10 个月，缓刑 3 年，并处罚金人民币 4110264.03 元（缓刑考验期限，从判决确定之日起计算）。

二、被告人张某 2 犯利用未公开信息交易罪，判处有期徒刑 2 年零 10 个月，缓刑 3 年，并处罚金人民币 4110264.02 元（缓刑考验期限，从判决确定之日起计算）。

三、被告人郭某 2、张某 2 在行政处罚程序中缴纳的案款，折抵刑事判决应追缴的违法所得以及所判处的部分罚金后，剩余罚金 4633505 元已扣押在案，依法上缴国库。

| 裁判理由 |

法院经审理查明：2009 年 12 月至 2015 年 9 月，被告人郭某 2 先后担任某 2 基金管理有限公司（以下简称"某 2 基金公司"）、某基金管理股份有限公司（以下简称"某基金公司"）基金经理，负责管理某 2 领先企业混合型证券投资基金（以下简称"某 2 领先基金"）、某优质增长股票型证券投资基金（2015 年 8 月 7 日转型为某优质增长混合型证券投资基金，以下均简称"某优质基金"）基金账户，掌握基金投资股票的名称、买卖时机等信息。经证监会认定，上述信息属于内幕信息以外的其他未公开信息。其间，郭某 2 违反《证券法》等法律法规，利用因职务便利获取的未公开信息，伙同被告人张某 2，通过张某 2 及其妻杨某名下两个证券账户，先于或同期于郭某 2 管理的基金账户买入或卖出相同股票，成交额共计人民币 9700 余万元（以下币种均为人民币），非法获利共计 7370799.87 元。

证监会经调查发现郭某 2、张某 2 利用未公开信息交易股票的事实，对郭某 2、张某 2 作出没收违法所得、罚款共计 10957822.92 元的行政处罚，并将犯罪线索移交公安机关立案侦查。2018 年 9 月 27 日，郭某 2、张某 2 经侦查人员电话通知后到案。郭某 2、张某 2 履行完毕上述行政处罚决定后，另向司法机关缴纳案款 4633505 元。

上述事实，有经庭审举证、质证，法院予以确认的下列证据证实：

1. 郭某 2 系未公开信息知情人的证据

（1）证人王某 1（某 2 基金公司副总经理）的证言证明：2009 年至 2011 年上半年，郭某 2 担任某 2 领先基金的基金经理，负责该只基金的股票交易。基金经理可以自主在公司股票池选择相应的股票，通过某系统将交易指令下达到交易部，由交易员具体执行。基金经理不在单位时可通过录音电话、书面决策等形式由中央交易员代为下单。

（2）证人王某 1、钟某、夏某、王某 2（分别为某基金公司投资一部总监、交易管理部总监、风险管理部总监、投资一部基金经理，此处王某 1 与某 2 基金公司副总经理王某 1 同名不同人）的证言证明：郭某 2 曾任某基金公司投资一部基金经理，负责某优质基金的投资工作。郭某 2 在公司股票池内挑选他认为合适的股票，组建自己的股票池，决定交易哪只股票，并将交易指令下达给交易管理部。分单员根据指令难易程度，将指令分配给不同的交易员执行下单。

（3）从某 2 基金公司调取的营业执照、经营证券期货业务许可证、《保密制度》、《基金经理行为守则》、《投资管理部管理制度》、《交易管理制度》、《个人承诺》，以及郭某 2 任职情况说明、下单情况说明、下单记录等证据证明：某 2 基金公司成立于 2005 年 12 月 20 日，住所地位于北京市西城区，经营范围包括基金募集、销售、管理等。该公司禁止员工利用未公开信息交易股票。2009 年 12 月至 2011 年 4 月 13 日，郭某 2 担任某 2 领先基金的基金经理，工作职责包括"拟定阶段性投资计划，经投资决策委员会批准后实施"等。郭某 2 承诺不利用工作中获取的未公开信息从事关联交易。郭某 2 因出差、休假等原因不在岗，可通过录音电话、书面决策等形式由中央交易员代为下单。

（4）从某基金公司调取的营业执照（副本）、经营证券期货业务许可证、《员工配偶利害关系人证券投资管理暂行规定》、《员工行为准则》、《投资管理部内部保密制度》、郭某 2 在某基金任职履历、《劳动合同书》、《劳动合同续订书》、《员工任职承诺书》、《岗位说明书》、郭某 2 任职期间相关事项的说明、《公司投资授权与电话下单说明》，以及郭某 2 下单记录、电话下单录音等证据证明：某基金公司成立于 2001 年 5 月 28 日，住所地位于深圳市福田区，经营范围包括基金管理、销售等。该公司禁止员工利用未公开信息交易股票。2011 年 4 月 18 日至 2016 年 7 月 25 日，郭某 2 在某基金公司工作，其中 2011 年 9 月 2 日至 2016 年 7 月 8 日担任某优质基金的基金经理，工作职责包括"根据公司的投资理念、风格及战略，制定组合的投资目标和投资策略"，"根据投资决策委员会的授权，判断市场情况，选择投资品种。构建投资组合并且不断调整组合，在风险可控的情况下最大化投资收益"，等等。郭某 2 在任职期间承诺不利用在工作中获取的未公开信息进行相关交易。郭某 2 因出差等原因不在岗，可通过电话或授权助理向交易部门下单。

（5）证监会出具的《关于郭某 2 涉嫌利用未公开信息交易案有关问题的认定函》《关于郭某 2 涉嫌利用未公开信息交易案有关问题的补充认定函》证明：郭某 2 担任某 2 领先基金、某优质基金的基金经理期间，因管理基金掌握的基金投资股票名称、数量、价位、买卖时机等信息，属于内幕信息以外的其他未公开信息。

2. 郭某2、张某2利用未公开信息交易股票的证据

（1）证人杨某（张某2妻子）的证言前后：2009年前后，其在位于石景山的证券营业部开立证券账户，后将证券账户以及下挂第三方银行存管账户均交给张某2使用。其不认识韩某、李某，对二人向其证券账户下挂中国工商银行账户存款不知情。

（2）证人亓某、刘某、郭某（分别为郭某2妻子、母亲、妹妹），以及韩某、李某（分别为郭某同学、郭某丈夫公司员工）的证言证明：2009年12月1日至4日，郭某收到亓某、刘某转款共计235万元，后按照郭某2的安排提现，并以韩某、李某的名义存入杨某证券账户下挂中国工商银行账户。

（3）从某证券北京古城路证券营业部调取的证券账户开户资料证明：1998年12月，张某2在该证券营业部开立证券账户，下挂第三方资金存管账户为中国建设银行账户；2009年7月，杨某在该证券营业部开立证券账户，下挂第三方资金存管账户为中国工商银行账户。

（4）银行账户交易明细、存款凭证证明：2009年8月4日、8月12日，张某2向杨某证券账户下挂中国工商银行账户共计转入46万元。同年12月1日至4日，郭某账户收到亓某转账100万元，收到刘某转账135万元，后提现220万元，转入韩某账户15万元，通过李某、韩某向杨某证券账户下挂中国工商银行账户共计存现235万元。以上46万元和235万元最终均转入杨某证券资金账户用于交易股票。另，2009年11月25日至2010年2月22日，张某2中国建设银行账户向其本人证券资金账户共计转入38万元用于交易股票。

（5）张某2工位电脑IP地址、MAC码截屏，杨某、张某2证券账户交易明细证明：张某2使用单位网络、电脑、电话操作本人以及杨某名下证券账户交易股票。

（6）证监会出具的《关于郭某2涉嫌利用未公开信息交易案有关问题的认定函》《关于郭某2涉嫌利用未公开信息交易案有关问题的补充认定函》证明：杨某、张某2证券账户先于或同期于某2领先基金、某优质基金账户买入或卖出同一只股票，与郭某2掌握的未公开信息之间具有关联性。

（7）从上海证券交易所、深圳证券交易所调取的杨某、张某2证券账户与某2领先基金、某优质基金趋同交易明细表、盈利情况表证明：2009年12月至2015年9月，杨某、张某2证券账户与某2领先基金、某优质基金账户发生趋同交易的成交额共计9700余万元，盈利共计7370799.87元。

（8）被告人郭某2到案后在第一次讯问笔录中未如实供述，辩称趋同交易

纯属巧合。在之后的讯问中，郭某2逐渐如实供述了主要犯罪事实。郭某2供称：其是基金从业人员，按照规定不能交易股票。2009年，其通过母亲刘某给张某2转了235万元，让张某2进行股票投资。其建议张某2用这些钱，购买其看好的股票。其在见面时或通过电话向张某2推荐股票。张某2买入或卖出股票的同时，其管理的基金也买入或卖出相同股票。

（9）被告人张某2到案后在第一次讯问笔录中亦未如实供述，同样辩称趋同交易纯属巧合。在之后的讯问中，张某2如实供述了犯罪事实。张某2供称：其和郭某2系同学，2009年前后，郭某2说他在工作中有机会接触基金建仓信息，跟着基金建仓信息炒股会有更大的获利机会。郭某2作为基金从业人员，本人和亲属都不能交易股票，只能提供资金和基金建仓信息，找可靠的人替他交易。郭某2找到其，其答应帮忙。其将妻子杨某的银行账号给了郭某2，郭某2向杨某账户存入235万元。其使用该235万元以及自有资金80余万元，操作本人及杨某名下两个证券账户交易股票。郭某2大多数情况是在见面时向其推荐股票，偶尔也会打电话，其负责下单。证监会开始调查后，郭某2让其跟调查人员说235万元是其向郭某2母亲借的购房款。

3. 案件侦破及赃款追缴等全案综合事实的证据

（1）证监会出具的《案件调查终结报告》《行政处罚决定书》证明：2015年，深圳证券交易所向证监会反映杨某证券账户与某优质基金股票交易趋同。证监会将线索转交北京证监局，北京证监局调查发现郭某2伙同张某2利用未公开信息交易股票，后上报证监会处理。2017年1月，证监会对郭某2、张某2作出没收违法所得、罚款共计10957822.92元的行政处罚决定。

（2）证监会出具的《关于郭某2等人涉嫌利用未公开信息交易犯罪的移送函》、公安部出具的《关于对郭某2等人涉嫌利用未公开信息交易犯罪问题依法查处的通知》、北京市公安局出具的《立案决定书》《取保候审决定书》、侦查人员出具的《到案经过》证明：2017年3月16日，证监会将郭某2、张某2利用未公开信息交易犯罪线索移交公安部；同年4月17日，公安部将线索转交北京市公安局；同年5月1日，北京市公安局对本案立案侦查；2018年9月27日，郭某2、张某2经侦查人员电话通知后到案，并于当日被取保候审。

（3）人口信息材料证明郭某2、张某2的身份户籍情况。

（4）案款收据证明：2017年1月至7月，郭某2、张某2向证监会退缴违法所得、缴纳罚款共计10957822.92元；在本案审查起诉阶段，二人缴纳案款共计4633505元。

关于郭某2指定辩护人所提郭某2具有自首情节，证监会已对郭某2作出从业禁止的行政处罚，建议对郭某2从轻处罚的辩护意见，经查，郭某2虽系经侦查人员电话通知到案，但在到案之初未如实供述犯罪事实，而是辩称张某2交易股票与郭某2掌握的未公开信息无关，发生交易趋同纯属巧合。郭某2缺乏将自身交付法律制裁的主动性和自愿性，不符合自首情节必备的主动投案后如实供述犯罪事实的要件。对于郭某2在本案中利用未公开信息交易股票的行为，证监会对其作出5年内"不得从事证券业务或者担任上市公司董事、监事、高级管理人职务"的处罚，该处罚属于行政从业禁令，不能成为对郭某2判处刑罚时从轻的理由。故郭某2指定辩护人所提上述辩护意见均不能成立，法院不予采纳。

关于张某2辩护人所提张某2系从犯的辩护意见，经查，张某2与郭某2事前通谋并共同出资，郭某2负责提供未公开信息，张某2负责利用相关信息进行趋同交易，二人的行为分属利用未公开信息交易犯罪的不同环节，虽然分工不同，但又相互配合、缺一不可，张某2在共同犯罪中亦起到积极主要作用，系主犯。故张某2辩护人所提上述辩护意见不能成立，法院不予采纳。

法院认为，被告人郭某2、张某2为非法获利，利用郭某2担任基金管理公司基金经理的职务便利获取的内幕信息以外的其他未公开信息，违反规定，从事相关交易活动，情节严重，二人的行为均已构成利用未公开信息交易罪，依法应予惩处。北京市人民检察院第二分院指控郭某2、张某2犯利用未公开信息交易罪的事实清楚，证据确实、充分，指控的罪名成立，建议的量刑幅度适当，郭某2、张某2对此没有异议，法院对公诉机关的意见予以采纳。郭某2、张某2均无前科劣迹，到案后能逐渐如实供述所犯罪行，认罪认罚、积极缴纳案款，可对二人从轻处罚，郭某2指定辩护人、张某2辩护人所提相关辩护意见成立，法院予以采纳。郭某2、张某2符合缓刑的法定条件，可对二人宣告缓刑。法院根据郭某2、张某2犯罪的事实、性质、情节及对于社会的危害程度，依照《刑法》第180条第4款和第1款、第25条第1款、第26条第1款、第67条第3款、第72条第1款和第3款、第73条第2款和第3款、第52条、第61条、第64条，《行政处罚法》第28条第2款，以及《最高人民法院、最高人民检察院关于办理利用未公开信息交易刑事案件适用法律若干问题的解释》第5条第（一）项、第8条、第9条、第10条、第11条之规定作出判决。

（二）律师评析

证券犯罪案件存在发现难、取证难的特点，证监会发现违法犯罪的线索后一般会立案调查，其会根据调查结果作出行政处罚决定或者将案件作出行政处罚决定后再移送公安机关进行刑事侦查。

1. 证监会的行政处罚决定对于利用未公开信息交易罪具有重要作用

2019 年修订的《证券法》第十三章"法律责任"赋予了证监会对行政相对人进行警告、罚款、没收违法所得、没收业务收入、撤销相关许可、责令股东转让所持证券公司股权、暂停或者禁止从事证券服务业务等行政处罚权。证监会的行政处罚在程序上可分为三个阶段：第一阶段为案件调查阶段，第二阶段为案件审理、听证阶段，第三阶段为作出处罚决定并执行阶段。

从 2019 年及 2020 年证监会作出行政处罚决定的情况看，证监会对于证券违法犯罪案件持续打击，贯彻"零容忍"的原则。根据证监会 2020 年 4 月 17 日发布的 2019 年法治政府建设情况，证监会 2019 年全年共作出行政处罚决定 296 件，罚没款金额 41.83 亿元，市场禁入 66 人。[23] 而在 2020 年，证监会作出行政处罚 250 余份，罚没金额合计 40 余亿元，持续释放对证券违法活动"零容忍"的高压信号。[24] 证监会作出行政处罚决定后，会根据案件的情况决定是否移送公安机关侦查。

对证券违法活动保持"零容忍"高压态势，还要凝聚各相关部门的合力，将行政处罚与刑事追责、民事赔偿等有机衔接起来。证监会的行政处罚决定会在刑事案件中作为重要的证据使用，往往成为法院认定证券犯罪所依据的证据。本案中，证监会出具的《案件调查终结报告》《行政处罚决定书》《关于郭某 2 等人涉嫌利用未公开信息交易犯罪的移送函》等成为证明案件重要事实的重要证据。

2. 认罪认罚可以减轻被告人的量刑

2018 年，《刑事诉讼法》正式确立了认罪认罚从宽制度。根据这一制度规定，因自愿认罪认罚的，定罪问题基本得到了解决。《刑事诉讼法》第 15 条规

---

〔23〕 陈康亮：《证监会 2019 年作出行政处罚决定 296 件 罚没款金额逾 40 亿元》，中国新闻网，https://www.chinanews.com/gn/2020/04-17/9160352.shtml，2020 年 04 月 17 日。

〔24〕 《证监会：2020 年以来作出行政处罚 250 余份，罚没金额合计 40 余亿元》，新华社，https://news.dayoo.com/gzrbrmt/202012/23/158541_53723920.htm，2020 年 12 月 23 日。

定："犯罪嫌疑人、被告人自愿如实供述自己的罪行，承认指控的犯罪事实，愿意接受处罚的，可以依法从宽处理。"第176条第2款明确规定，犯罪嫌疑人认罪认罚的，人民检察院应当就主刑、附加刑、是否适用缓刑等提出量刑建议。因此在认罪认罚案件中，量刑问题的协商成了检察机关办案的核心任务之一。对于想认罪认罚的犯罪嫌疑人、被告人来说，他们对量刑的结果往往有大幅度从轻的预期。

认罪认罚制度具有重要的作用，在证券犯罪案例中得到了比较多的运用，近两年的证券犯罪案件中有很多属于认罪认罚案件。原因在于：第一，认罪认罚案件在程序上可以进行简化处理。对于认罪认罚案件，可以简化审判程序，可以大幅度缩减被羁押的被告人审前羁押的时间，避免出现"关多久判多久"的情况。同时，对于认罪认罚案件，刑事强制措施的适用可以宽限。一般来讲，犯罪情节不是特别严重的嫌疑人、被告人认罪认罚，办案机关会考虑对其优先适用非羁押强制措施，例如取保候审。

第二，认罪认罚案件在实体上可以从宽处罚，对于被告人而言降低了刑罚的重度。对于犯罪嫌疑人、被告人认罪认罚的，检察机关应当根据犯罪情节及认罪认罚的情况提出从宽处罚的建议，而人民法院作出判决时，一般应该采纳检察机关指控的罪名和量刑建议。这就使得认罪认罚从宽处理的结果会得到保障。

3. 认罪认罚制度中律师的作用不可忽视

在认罪认罚案件中，辩护律师的作用是非常重要的。第一，辩护律师及时介入证券犯罪案件是帮助犯罪嫌疑人、被告人走出对"认罪认罚从宽制度"认识误区的基础。律师的答疑解惑作用是不可替代的，可以帮助犯罪嫌疑人、被告人正确认识认罪认罚制度。

第二，检察机关一般倾向于通过提出"确定刑"的方式处理认罪认罚案件，这样可以激活认罪认罚从宽制度的"激励机制"，鼓励犯罪嫌疑人、被告人自愿认罪认罚，实现"同案同判、类案类判"的效果。而与检察机关协商具体量刑的主要是辩护律师。辩护律师根据犯罪嫌疑人、被告人的犯罪事实、情节等与检察机关充分协商，根据相关司法解释，确定量刑从宽的幅度，从而确定认罪认罚的罪名和具体刑期、罚金刑等。

第三，在认罪认罚从宽的案件中，需要律师在场见证犯罪嫌疑人、被告人签署认罪认罚具结书，保证犯罪嫌疑人、被告人获得辩护的权利。

（三）相关法条及司法解释

《中华人民共和国刑法》

第二十五条　共同犯罪是指二人以上共同故意犯罪。

二人以上共同过失犯罪，不以共同犯罪论处；应当负刑事责任的，按照他们所犯的罪分别处罚。

第二十六条　组织、领导犯罪集团进行犯罪活动的或者在共同犯罪中起主要作用的，是主犯。

三人以上为共同实施犯罪而组成的较为固定的犯罪组织，是犯罪集团。

对组织、领导犯罪集团的首要分子，按照集团所犯的全部罪行处罚。

对于第三款规定以外的主犯，应当按照其所参与的或者组织、指挥的全部犯罪处罚。

第七十三条　拘役的缓刑考验期限为原判刑期以上一年以下，但是不能少于二个月。

有期徒刑的缓刑考验期限为原判刑期以上五年以下，但是不能少于一年。

缓刑考验期限，从判决确定之日起计算。

第一百八十条　证券、期货交易内幕信息的知情人员或者非法获取证券、期货交易内幕信息的人员，在涉及证券的发行，证券、期货交易或者其他对证券、期货交易价格有重大影响的信息尚未公开前，买入或者卖出该证券，或者从事与该内幕信息有关的期货交易，或者泄露该信息，或者明示、暗示他人从事上述交易活动，情节严重的，处五年以下有期徒刑或者拘役，并处或者单处违法所得一倍以上五倍以下罚金；情节特别严重的，处五年以上十年以下有期徒刑，并处违法所得一倍以上五倍以下罚金。

单位犯前款罪的，对单位判处罚金，并对其直接负责的主管人员和其他直接责任人员，处五年以下有期徒刑或者拘役。

内幕信息、知情人员的范围，依照法律、行政法规的规定确定。

证券交易所、期货交易所、证券公司、期货经纪公司、基金管理公司、商业银行、保险公司等金融机构的从业人员以及有关监管部门或者行业协会的工作人员，利用因职务便利获取的内幕信息以外的其他未公开的信息，违反规定，从事与该信息相关的证券、期货交易活动，或者明示、暗示他人从事相关交易活动，情节严重的，依照第一款的规定处罚。

《中华人民共和国刑事诉讼法》

　　第十五条　犯罪嫌疑人、被告人自愿如实供述自己的罪行，承认指控的犯罪事实，愿意接受处罚的，可以依法从宽处理。

　　第一百七十六条　人民检察院认为犯罪嫌疑人的犯罪事实已经查清，证据确实、充分，依法应当追究刑事责任的，应当作出起诉决定，按照审判管辖的规定，向人民法院提起公诉，并将案卷材料、证据移送人民法院。

　　犯罪嫌疑人认罪认罚的，人民检察院应当就主刑、附加刑、是否适用缓刑等提出量刑建议，并随案移送认罪认罚具结书等材料。

　　第二百零一条　对于认罪认罚案件，人民法院依法作出判决时，一般应当采纳人民检察院指控的罪名和量刑建议，但有下列情形的除外：

　　（一）被告人的行为不构成犯罪或者不应当追究其刑事责任的；

　　（二）被告人违背意愿认罪认罚的；

　　（三）被告人否认指控的犯罪事实的；

　　（四）起诉指控的罪名与审理认定的罪名不一致的；

　　（五）其他可能影响公正审判的情形。

　　人民法院经审理认为量刑建议明显不当，或者被告人、辩护人对量刑建议提出异议的，人民检察院可以调整量刑建议。人民检察院不调整量刑建议或者调整量刑建议后仍然明显不当的，人民法院应当依法作出判决。

第六章　诱骗投资者买卖证券、期货合约

一、诱骗投资者买卖证券、期货合约罪概述

证券期货市场是我国多层次资本市场和社会主义市场经济的重要组成部分，是各类资本和投资主体重要的投资渠道。同时，证券、期货交易市场又是极易受影响的市场，无论是国际国内经济宏观运行层面、政策法律层面，还是企业微观层面，甚至非经济的政治、政策的变化，都可能对证券、期货交易市场的运行和各类投资主体的心理预期产生影响，进而引起整个证券、期货交易市场或者个别交易品种价格指数或价格的震荡和波动。[1] 正因如此，一些不法的投资、投机主体利用信息差等误导投资人，进而达到扰乱证券、期货市场并从中牟利的目的。我国《刑法》第 181 条规定了编造并传播证券、期货交易虚假信息罪及诱骗投资者买卖证券、期货合约罪，专门打击此类行为。

诱骗投资者买卖证券、期货合约罪与编造并传播证券、期货交易虚假信息罪不同，前者指的是证券交易所、期货交易所、证券公司、期货经纪公司的从业人员，证券业协会、期货业协会或者证券期货监督管理部门的工作人员，故意提供虚假信息或者伪造、变造、销毁交易记录，诱骗投资者买卖证券、期货合约，造成严重后果的行为，单位实施上述行为的，构成单位犯罪；后者指的是编造并传播影响证券、期货交易的虚假信息，扰乱证券、期货交易市场，造成严重后果的行为。从客体上来说，二者主要的不同在于前者主要是诱骗投资者买卖证券、期货合约，后者是编造并传播虚假信息。从主体上来说，构成前罪的主体为券商等证券期货业从业、监管部门及其工作人员，并非所有的主体

---

〔1〕 参见王守俊：《编造并传播证券、期货交易虚假信息罪适用问题论析》，载《经济研究导刊》2016年第 31 期。

实施了上述行为都能构成此罪，后罪则无此限制。

二、诱骗投资者买卖证券、期货合约罪与诈骗罪竞合的认定

现行《刑法》与1997年《刑法》相比，诱骗投资者买卖证券、期货合约罪的主体从证券类从业人员扩展至期货类从业人员，其原因主要是将新出现的涉期货类型交易纳入《刑法》的调控范围。

诱骗投资者买卖证券、期货合约罪主要通过提供虚假信息、虚假交易记录等手段，诱骗投资者购买合约。该罪与诈骗罪一样，本质上都是采取虚构事实、隐瞒真相等方法欺骗被害人，诱使被害人上当受骗，从而达到侵害被害人财产的目的。在实践中，司法机关对于诱骗投资者买卖证券、期货合约罪与诈骗罪的竞合，往往选择适用诈骗罪对犯罪嫌疑人予以处理，并不适用诱骗投资者买卖证券、期货合约罪，导致诱骗投资者买卖证券、期货合约罪的案例在公开途径未查询到。本章将通过诱骗投资者买卖证券、期货合约罪与诈骗罪做对比，探讨诱骗投资者买卖证券、期货合约罪可能的够罪形式，并讨论区别于传统诈骗罪，诱骗投资者买卖证券、期货合约罪的特殊性在哪里。

（一）典型案例

☞ 严某某、郑某某、黄某某等诈骗案[2]

【关键词】虚构事实　隐瞒真相　交易平台　诈骗罪

| 基本案情 |

2016年10月，被告人严某某等人以其控制的浙江中浙商汇企业管理咨询有限公司（以下简称"中浙商汇"）名义，与凉山渝川大宗商品交易市场有限公司签订合作协议，成为该公司的053号高级经纪会员单位，并以他人名义申请在该公司的现货交易平台（以下简称"渝川平台"），将中浙商汇已买断的"三云二水""峨眉紫芽""郭阳玉露"茶叶品种上市交易。

2016年10月至2017年4月，严某某等人通过鼎盛国际集团实际控制的下属中创鼎汇商银（天津）有限公司、宁波鼎盛传奇投资管理有限公司、宁波高

----

[2] 浙江省高级人民法院（2018）浙刑终328号。

新区渤海鼎盛投资管理咨询有限公司、烟台盛大投资有限公司等及三家代理公司的业务员，在QQ、微信上分饰不同角色互相配合的方式，向被害人承诺高收益，编造他人盈利、行情将会上涨、"老师"很有水平等假象骗取被害人信任，诱导被害人在渝川平台进行上述茶叶投资；并对被害人隐瞒上市交易的茶叶实际由业务员所属的中浙商汇控盘、与被害人经济利益对立、能直接占有被害人亏损资金、资金封闭流转等真相，以集中连续竞价等违规方式操纵茶叶价格连续暴涨，制造了能获取高额收益的假象，诱使被害人高某投资，随后茶叶价格连续暴跌，最终造成被害人亏损合计人民币（下同）4834万余元。案发前，中浙商汇处理客户投诉共赔付退赔约200万元。

在上述作案期间，被告人郑某某为大区讲师团负责人，负责指挥讲师、主播等人在鼎盛国际集团控制的"带鱼在线"直播平台引诱被害人去渝川平台开户入金。被告人黄某某担任中浙商汇风控部经理，负责操控茶叶价格，通过操盘手段操纵上市茶叶暴涨行情，引诱被害人高某。被告人邵某某担任中浙商汇财务负责人，负责资金运作、平台交易金额计算、佣金计算等。被告人延某某担任中浙商汇合规部经理，负责处理被骗客户投诉等。被告人张某某担任中浙商汇招商部经理，负责招聘、联系代理公司等。被告人戴某某系鼎盛国际集团下属中创鼎汇商银（天津）有限公司总经理，负责组织该公司业务员使用虚假身份，将被害人诱骗至中浙商汇组织的股票交流群和"带鱼在线"直播平台等。

综上，被告人严某某、郑某某、黄某某、邵某某、延某某应对被害人全部亏损数额负责，共参与骗取4634万余元；被告人戴某某参与骗取571万余元；被告人张某某参与骗取392万余元。

2017年6月30日，被告人戴某某向宁波市公安局鄞州分局百丈派出所主动投案。

浙江省宁波市中级人民法院（2018）浙02刑初11号刑事判决认为，被告人严某某、郑某某等的行为已构成诈骗罪，分别判处有期徒刑5年至11年不等，并处罚金5万元至200万元不等。

宣判后，被告人严某某提起上诉。严某某辩护人认为，本案应当定性为诱骗投资者买卖证券、期货合约罪。被告人严某某在本案中仅系采取更高价格出卖商品，并不具有非法占有的目的，也并非犯罪组织的指挥者，对茶叶交易的业务模式均不知情；被告人在本案中仅作为操盘者和诱导交易者发生期货交易的角色，因此本案应当定性为诱骗投资者买卖证券、期货合约罪。原审犯罪金额计算有误，不应当将交易手续费损失、代理公司及无权属客户的损失计入犯罪数额。严某某在羁押期间具有揭发他人犯罪的立功行为，一审法院未考虑立功情形，因此应当从轻或减轻处罚。

| 裁判结果 |

二审法院作出判决：

一、撤销浙江省宁波市中级人民法院（2018）浙02刑初11号刑事判决中对被告人严某某的量刑部分，维持判决的其余部分。

二、被告人严某某犯诈骗罪，判处有期徒刑10年，并处罚金人民币200万元。

| 裁判理由 |

法院认为，该案事实清楚，定罪准确，争议的焦点在于诈骗罪与诱骗投资者买卖证券、期货合约罪的区别，以及犯罪金额的计算。

1. 罪与非罪之间的区别

构成诱骗投资者买卖证券、期货合约罪客观要件是是否实施了期货交易行为，并非所有构建平台进行交易并操纵商品价格的行为都属于期货交易。这样理解的具体理由如下：

（1）符合期货交易定义。期货交易以商品现货交易为基础，随着远期现货组织化交易方式的开展，投资者发现集中化的远期市场具有规避风险及投机功能，遂逐渐形成商品期货交易。[3] 虽然我国现行法律没有规定什么是非法期货交易，但是本案交易的实质是商品中远期交易，即虽然通过未来时间和固定的平台展开交易，但是实质上仍然是现货交易，只是在传统的现货贸易时间维度上进行了延伸。

（2）符合法条的文意。诈骗罪与诱骗投资者买卖证券、期货合约罪都存在隐瞒、虚构真相，骗取他人财物的情节，只是后者骗取财物的手段是诱骗投资者买卖证券、期货合约。两罪之间存在共同之处，但本案由于不存在期货交易行为，且被告人并非合格的犯罪主体，因此构成诈骗罪。

综上，《刑法》第181条第2款构成要件十分严格，因为期货交易有严格的规定，因此并非所有幕后操纵价格的行为都属于操纵期货市场。在既不符合期货交易特征，也不具备犯罪主体资格的情况下，只能构成一般的诈骗罪。

2. 犯罪金额的计算

虽然被告人主张交易手续费、三家代理公司发展的客户以及无权属的客户

---

〔3〕 参见崔恒力、周寅：《非法期货交易的认定标准探究》，载《中国市场》2019年第32期。

损失均不应当计入犯罪金额，但犯罪金额的计算应当包括被告人的犯罪行为导致的被害人的一切经济损失。从表面上看，交易手续费系平台在每笔交易中抽取，与平台本身是否诈骗没有直接关系。但实质上，被告人隐瞒其操控茶叶价格、虚构投资前景吸引投资人系平台之产生交易的根本原因。因此，交易手续费应当计入犯罪金额。

表面上，案涉三家代理公司与被告人操纵平台无直接关系，且存在无权属客户情况，该部分损失不应当计入被告人犯罪的犯罪金额。但实质上，这三家代理公司及无权属客户均系基于被告人诈骗行为产生，损失亦系诈骗行为造成，因此将该部分金额计入犯罪金额并无不妥。

法院认为，根据同案犯供述、涉案其他人员证言、聊天记录、赔偿款发放单、银行明细等可以证明，严某某系鼎盛国际集团的实际控制人，对本案的发生起决策作用。根据渝川平台性质，渝川平台与中浙商汇合作协议、买卖协议及实际交易情况可以认定，在渝川平台上挂牌茶叶属于现货交易，虽有严重违规操作但并非变相的期货交易。各被告人伙同涉案其他人员，通过在渝川平台上市茶叶，虚构投资前景，营造高额收益假象，隐瞒中浙商汇参与茶叶交易且能够操控价格、直接占有被害人亏损资金、与被害人经济利益对立等真相，诱骗被害人在渝川平台开户、入金后，利用做庄控盘的优势制造暴涨行情，通过业务员、操盘手等互相配合骗取被害人信任，诱导被害人高某下跌时继续持有，从而攫取高位卖出的价差，造成被害人巨额亏损，显具非法占有之故意，构成诈骗罪。因此，对于严某某及其辩护人主张的关于本案定性问题与事实不符，不予采信。

被告人通过诈骗手段，诱骗被害人在渝川平台进行交易，手续费损失系平台犯罪成本；代理公司及无权属客户损失均系被告人直接造成，均不应扣除。

根据检举相关材料、宁波市公安局海曙分局出具的说明书、海曙区检察院补充起诉书，严某某检举同监室余某某还有贩卖毒品余罪，经办案机关查证属实，严某某的检举行为构成立功。综上，原判认定的事实清楚，证据确实、充分。

（二）律师评析

截至 2021 年 6 月，中国裁判文书网仍未有诱骗投资者买卖证券、期货合约罪的案例。公开的判决书中，诱骗投资者买卖证券、期货合约罪只作为辩护人为被告人摆脱诈骗罪的一种辩护手段存在。

1. 诱骗投资者买卖证券、期货合约罪与诈骗罪存在竞合

诱骗投资者买卖证券、期货合约罪虽然条文表述内容较长，但实质上系犯罪主体采用提供虚假信息等方式，通过信息差骗取被害人财物，造成严重后果。诈骗罪系以非法占有为目的，诈骗公私财物，数额巨大。

二者的主要区别在于，诱骗投资者买卖证券、期货合约罪作为特别犯罪，犯罪主体和犯罪客观要件都与诈骗罪不同。从刑期来说，诱骗投资者买卖证券、期货合约罪的起刑点更高，但最高刑较诈骗罪而言更低。

因此，对于本案这类金额高达4000余万元，数额特别巨大的犯罪，在不完全符合特别犯罪构成要件的时候，采用诈骗罪这一最高刑更严格的犯罪，更能达到惩罚犯罪、维护社会公平正义的目的。

2. 立功时间点可延伸至庭审活动中

根据法律规定，犯罪分子到案后有检举、揭发他人犯罪行为，包括共同犯罪案件中的犯罪分子揭发同案犯共同犯罪以外的其他犯罪，经查证属实，应当认定为有立功表现。从广义上理解，"到案后"应当包括侦查、审查起诉、审判、执行全阶段。因此，法院认定被告人在庭审过程中立功并无不妥。

（三）相关法条及司法解释

《中华人民共和国刑法》

第六十七条　犯罪以后自动投案，如实供述自己的罪行的，是自首。对于自首的犯罪分子，可以从轻或者减轻处罚。其中，犯罪较轻的，可以免除处罚。

被采取强制措施的犯罪嫌疑人、被告人和正在服刑的罪犯，如实供述司法机关还未掌握的本人其他罪行的，以自首论。

犯罪嫌疑人虽不具有前两款规定的自首情节，但是如实供述自己罪行的，可以从轻处罚；因其如实供述自己罪行，避免特别严重后果发生的，可以减轻处罚。

第一百八十一条　编造并且传播影响证券、期货交易的虚假信息，扰乱证券、期货交易市场，造成严重后果的，处五年以下有期徒刑或者拘役，并处或者单处一万元以上十万元以下罚金。

证券交易所、期货交易所、证券公司、期货经纪公司的从业人员，证券业协会、期货业协会或者证券期货监督管理部门的工作人员，故意提供虚假信息

或者伪造、变造、销毁交易记录，诱骗投资者买卖证券、期货合约，造成严重后果的，处五年以下有期徒刑或者拘役，并处或者单处一万元以上十万元以下罚金；情节特别恶劣的，处五年以上十年以下有期徒刑，并处二万元以上二十万元以下罚金。

单位犯前两款罪的，对单位判处罚金，并对其直接负责的主管人员和其他直接责任人员，处五年以下有期徒刑或者拘役。

第二百六十六条 诈骗公私财物，数额较大的，处三年以下有期徒刑、拘役或者管制，并处或者单处罚金；数额巨大或者有其他严重情节的，处三年以上十年以下有期徒刑，并处罚金；数额特别巨大或者有其他特别严重情节的，处十年以上有期徒刑或者无期徒刑，并处罚金或者没收财产。本法另有规定的，依照规定。

《最高人民检察院 公安部关于公安机关管辖的刑事案件立案追诉标准的规定（二）》（2022 年修订）

第三十三条 ［诱骗投资者买卖证券、期货合约案（刑法第一百八十一条第二款）］证券交易所、期货交易所、证券公司、期货公司的从业人员，证券业协会、期货业协会或者证券期货监督管理部门的工作人员，故意提供虚假信息或者伪造、变造、销毁交易记录，诱骗投资者买卖证券、期货合约，涉嫌下列情形之一的，应予立案追诉：

（一）获利或者避免损失数额在五万元以上的；

（二）造成投资者直接经济损失数额在五十万元以上的；

（三）虽未达到上述数额标准，但多次诱骗投资者买卖证券、期货合约的；

（四）致使交易价格或者交易量异常波动的；

（五）造成其他严重后果的。

第七章 操纵证券、期货市场

一、操纵证券、期货市场罪概述

操纵证券、期货市场罪是指："以法律明令禁止的方式操纵证券、期货市场，情节严重的行为。"[1] 操纵证券、期货市场罪是《刑法修正案（十一）》作出修改的罪名，该罪名设立于《刑法》（2020 年修正）第 182 条，针对实践中新型操纵手段的不断出现，刑法条文在原有的基础上增设了三种情形：不以成交为目的，频繁或者大量申报买入、卖出证券、期货合约并撤销申报的；利用虚假或者不确定的重大信息，诱导投资者进行证券、期货交易的；对证券、证券发行人、期货交易标的公开作出评价、预测或者投资建议，同时进行反向证券交易或者相关期货交易的。

（一）操纵证券、期货市场罪的构成要件

本罪的犯罪主体为一般主体，凡达到刑事责任年龄并且具有刑事责任能力的自然人均可成为本罪主体，单位亦能成为本罪主体。

本罪的犯罪主观方面是故意，且以获取不正当利益或者转嫁风险为目的。

本罪的犯罪客体是国家证券、期货管理制度和投资者的合法权益。

本罪的客观方面是行为人有操纵证券、期货市场达到情节严重的行为。

（二）操纵证券、期货市场罪属于情节犯

本罪属于情节犯，即以"情节严重"作为其成立的构成要件。如果行为人

---

[1] 韩玉胜主编：《刑法学原理与案例教程》（第 4 版），中国人民大学出版社 2018 年版，第 346—347 页。

在客观上实施了操纵证券、期货交易价格的行为，在主观上也确实出于直接故意，但是全案情节并未达到严重的程度，其行为就不构成犯罪，只属于证券、期货市场中一般的违法行为。相对来说，违法的操纵行为的社会危害程度要小一些，只有那些危害社会程度较大，达到必须以刑罚加以惩治程度，即达到"情节严重"的操纵行为才构成操纵证券、期货交易价格罪。

《刑法修正案（十一）》借鉴了2019年《证券法》的规定，针对市场中出现的新的操纵证券市场、期货市场的行为方式，进一步明确对"幌骗交易操纵""蛊惑交易操纵""抢帽子交易操纵"等新型操纵市场行为追究刑事责任，与我国2019年《证券法》和《最高人民法院、最高人民检察院关于办理操纵证券、期货市场刑事案件适用法律若干问题的解释》相衔接。

二、操纵证券市场的行为方式不断翻新

近年来，有关操纵证券市场的行为方式五花八门，不断涌现新的类型，特别是在一些涉及证券违法犯罪的案件中，先行的法律条款无法穷尽现实中违法犯罪的行为种类，因此如何理解和解释某些法律条款以及通过行为方式辨识证券违法犯罪行为，直接影响案件中行为人的法律后果。

（一）典型案例

☞ **廖某某操纵证券市场案**[2]

【关键词】操纵市场　证券交易　推荐股票

| 基本案情 |

廖某某系上海广播电视台第一财经频道某知名节目和某周播节目嘉宾主持人，上述两档节目在上海地区的收视率均高于同时段其他频道财经类节目在上海地区的平均收视率。2015年3月至11月，廖某某利用其知名证券节目主持人的影响力，在其微博、博客上公开评价、推荐股票，在推荐前控制使用包括其本人账户在内的13个证券账户先行买入相关股票，并在荐股后的当日或次日集中卖出，牟取短期价差。涉案期间，廖某某实施上述操纵行为46次，涉及39

---

〔2〕 中国证监会行政处罚决定书（廖某强）〔2018〕22号。

只股票，违法所得共计 43104773.84 元。

| 处理结果 |

2018 年 4 月 3 日，证监会根据当事人违法行为的事实、性质、情节与社会危害程度，依据《证券法》（2014 年）第 203 条的规定，决定：对廖某某没收违法所得 43104773.84 元，并处罚款 86209547.68 元。

| 处理理由 |

证监会结合事实及相关合同、相关单位提供的资料和情况说明、相关人员询问笔录、相关银行账户资料、证券账户资料等证据，认定廖某某的行为违反了《证券法》（2014 年）第 77 条第 1 款"禁止任何人以下列手段操纵证券市场"中第（四）项"以其他手段操纵证券市场"的规定，构成《证券法》（2014 年）第 203 条所述情形。

第一，廖某某所称其亲属在交易时喜欢听取其意见的主张，不足以对抗证监会认定账户控制关系的证据。

第二，认定廖某某控制"路某"账户，主要是根据"路某"账户在涉案期间进行股票交易使用最多的电脑 MAC 地址与廖某某办公电脑 MAC 地址重合以及"路某"账户 84.97% 的资金来源于廖某某等证据。据相关人员询问笔录显示，股轩文化总经理为廖某某而非路某，且路某在询问笔录中称其证券账户中的资金系廖某某给其用于帮廖某某购买日用品，并未提及该资金系廖某某给予其的公司备用金，廖某某和路某二人关于"路某"账户资金的表述相矛盾。

第三，现有证据表明，基于资金关系、MAC 地址重合、身份关系及相关人员询问笔录等，足以认定廖某某在 2015 年 3 月至 11 月间实际控制涉案账户组，廖某某关于涉案账户控制关系的申辩理由不予采纳。

第四，证监会处罚的是廖某某的操纵行为而非单独处罚其荐股行为。对廖某某进行处罚所依据的是《证券法》（2014 年）第 77 条第 1 款第（四）项"以其他手段操纵证券市场"的规定，追究的是廖某某操纵证券市场的责任，其操纵市场行为是由先行建仓、公开荐股、反向卖出的系列行为构成的，证监会并非单纯就其中的公开荐股行为进行追责。此外，廖某某称其通过技术分析看好并推荐"全柴动力"等 8 只股票，在其推荐后的 10 日至 3 个月时间内，上述股票涨幅均很大，但根据"张某萍"等 13 个证券账户的交易记录，廖某某在荐股后随即将荐股前买入的股票卖出，其卖出行为与荐股行为以及其所称的上述股票后续上涨情况均产生矛盾。

第五，廖某某控制涉案账户组实施操纵市场行为所产生的违法所得应予没收，其与他人之间关于盈利的划分并不影响本案的处罚。此外，廖某某称其本人未获取盈利的主张也与事实不符。

第六，廖某某并未提出从轻处罚的事实和证据，其也不具有法定的从轻情节。

（二）律师评析

本案是典型的证券违法案例，对于分析证券领域行政处罚类案件具有指导意义。

1. 相关领域的典型案例值得关注

有关证券类的典型案例数量非常少，值得高度重视。2018 年 12 月 1 日，最高人民法院曾发布证券期货纠纷多元化解十大典型案例，其中包括上市公司欺诈发行引发涉众纠纷案例、上市公司控制权之争纠纷案例、投资者与上市公司虚假陈述赔偿纠纷案例、投资者与期货公司及其营业部期货交易纠纷案例等，法律人需要从少量的案例中不断挖掘其导向价值。

2. 证据的综合认定对于行政处罚案件的处理结果具有重要影响

本案中，证监会结合事实及相关合同、相关单位提供的资料和情况说明、相关人员询问笔录、相关银行账户资料、证券账户资料等证据，认定廖某某的行为违反了 2014 年《证券法》第 77 条第 1 款"禁止任何人以下列手段操纵证券市场"中第（四）项"以其他手段操纵证券市场"的规定。这种情况是证监会通过相关证据进行的综合认定，从而确认了廖某某的违法行为。

（三）相关法条及司法解释

《中华人民共和国证券法》（2019 年修订）

第五十五条　禁止任何人以下列手段操纵证券市场，影响或者意图影响证券交易价格或者证券交易量：

（一）单独或者通过合谋，集中资金优势、持股优势或者利用信息优势联合或者连续买卖；

（二）与他人串通，以事先约定的时间、价格和方式相互进行证券交易；

（三）在自己实际控制的账户之间进行证券交易；

（四）不以成交为目的，频繁或者大量申报并撤销申报；

（五）利用虚假或者不确定的重大信息，诱导投资者进行证券交易；

（六）对证券、发行人公开作出评价、预测或者投资建议，并进行反向证券交易；

（七）利用在其他相关市场的活动操纵证券市场；

（八）操纵证券市场的其他手段。

操纵证券市场行为给投资者造成损失的，应当依法承担赔偿责任。

第一百九十二条　违反本法第五十五条的规定，操纵证券市场的，责令依法处理其非法持有的证券，没收违法所得，并处以违法所得一倍以上十倍以下的罚款；没有违法所得或者违法所得不足一百万元的，处以一百万元以上一千万元以下的罚款。单位操纵证券市场的，还应当对直接负责的主管人员和其他直接责任人员给予警告，并处以五十万元以上五百万元以下的罚款。

《最高人民检察院 公安部关于公安机关管辖的刑事案件立案追诉标准的规定（二）》（2022 年修订）

第三十四条　［操纵证券、期货市场案（刑法第一百八十二条）］操纵证券、期货市场，影响证券、期货交易价格或者证券、期货交易量，涉嫌下列情形之一的，应予立案追诉：

（一）持有或者实际控制证券的流通股份数量达到该证券的实际流通股份总量百分之十以上，实施刑法第一百八十二条第一款第一项操纵证券市场行为，连续十个交易日的累计成交量达到同期该证券总成交量百分之二十以上的；

（二）实施刑法第一百八十二条第一款第二项、第三项操纵证券市场行为，连续十个交易日的累计成交量达到同期该证券总成交量百分之二十以上的；

（三）利用虚假或者不确定的重大信息，诱导投资者进行证券交易，行为人进行相关证券交易的成交额在一千万元以上的；

（四）对证券、证券发行人公开作出评价、预测或者投资建议，同时进行反向证券交易，证券交易成交额在一千万元以上的；

（五）通过策划、实施资产收购或者重组、投资新业务、股权转让、上市公司收购等虚假重大事项，误导投资者作出投资决策，并进行相关交易或者谋取相关利益，证券交易成交额在一千万元以上的；

（六）通过控制发行人、上市公司信息的生成或者控制信息披露的内容、时点、节奏，误导投资者作出投资决策，并进行相关交易或者谋取相关利益，证券交易成交额在一千万元以上的；

（七）实施刑法第一百八十二条第一款第一项操纵期货市场行为，实际控制的账户合并持仓连续十个交易日的最高值超过期货交易所限仓标准的二倍，累计成交量达到同期该期货合约总成交量百分之二十以上，且期货交易占用保证金数额在五百万元以上的；

（八）通过囤积现货，影响特定期货品种市场行情，并进行相关期货交易，实际控制的账户合并持仓连续十个交易日的最高值超过期货交易所限仓标准的二倍，累计成交量达到同期该期货合约总成交量百分之二十以上，且期货交易占用保证金数额在五百万元以上的；

（九）实施刑法第一百八十二条第一款第二项、第三项操纵期货市场行为，实际控制的账户连续十个交易日的累计成交量达到同期该期货合约总成交量百分之二十以上，且期货交易占用保证金数额在五百万元以上的；

（十）利用虚假或者不确定的重大信息，诱导投资者进行期货交易，行为人进行相关期货交易，实际控制的账户连续十个交易日的累计成交量达到同期该期货合约总成交量百分之二十以上，且期货交易占用保证金数额在五百万元以上的；

（十一）对期货交易标的公开作出评价、预测或者投资建议，同时进行相关期货交易，实际控制的账户连续十个交易日的累计成交量达到同期该期货合约总成交量的百分之二十以上，且期货交易占用保证金数额在五百万元以上的；

（十二）不以成交为目的，频繁或者大量申报买入、卖出证券、期货合约并撤销申报，当日累计撤回申报量达到同期该证券、期货合约总申报量百分之五十以上，且证券撤回申报额在一千万元以上、撤回申报的期货合约占用保证金数额在五百万元以上的；

（十三）实施操纵证券、期货市场行为，获利或者避免损失数额在一百万元以上的。

操纵证券、期货市场，影响证券、期货交易价格或者证券、期货交易量，获利或者避免损失数额在五十万元以上，同时涉嫌下列情形之一的，应予立案追诉：

（一）发行人、上市公司及其董事、监事、高级管理人员、控股股东或者实际控制人实施操纵证券、期货市场行为的；

（二）收购人、重大资产重组的交易对方及其董事、监事、高级管理人员、控股股东或者实际控制人实施操纵证券、期货市场行为的；

（三）行为人明知操纵证券、期货市场行为被有关部门调查，仍继续实施的；

（四）因操纵证券、期货市场行为受过刑事追究的；

（五）二年内因操纵证券、期货市场行为受过行政处罚的；

（六）在市场出现重大异常波动等特定时段操纵证券、期货市场的；

（七）造成其他严重后果的。

对于在全国中小企业股份转让系统中实施操纵证券市场行为，社会危害性大，严重破坏公平公正的市场秩序的，比照本条的规定执行，但本条第一款第一项和第二项除外。

三、行为人实际控制交易账户是认定犯罪的关键因素

许多投资公司采取了诸如集中资金优势，采用盘中拉升、对倒交易、日内或隔日反向交易、尾盘拉升等方式交易股票，影响股票价格。如何证明投资公司实际控制其他公司的账户和交易尤为关键，账户交易决策权也是认定资管产品账户控制关系的重要考量因素。

（一）典型案例

☞ 通某投资公司操纵证券市场案〔3〕

【关键词】操纵市场　受托管理

| 基本案情 |

通某投资公司具有私募基金管理人资格。2016 年 6 月 3 日至 6 月 24 日，通某投资公司实际控制使用其发行的 4 个私募基金产品账户、受托管理的 2 个资产管理计划账户和 11 个理财专户账户，共计 17 个账户（以下简称"账户组"），集中资金优势，采用盘中拉升、对倒交易、日内或隔日反向交易、尾盘拉升等方式交易永某公司股票，影响股票价格，合计获利 6814322.69 元。时任通某投资公司执行总裁、董事、投资经理的刘某具体负责账户组的投资决策。

| 处理结果 |

2018 年 7 月，中国证监会作出行政处罚决定，认定通某投资公司的行为违

---

〔3〕 最高人民检察院、证券监督管理委员会公布 12 起证券违法犯罪案例：欺诈发行操纵市场，https://www.thepaper.cn/newsDetail_forward_9878663，2021 年 5 月 15 日访问。

反了 2005 年《证券法》第 77 条第 1 款第（一）、（三）、（四）项的规定，构成 2005 年《证券法》第 203 条所述的证券市场操纵行为，决定：没收通某投资公司违法所得 6814322.69 元，并处以 13628645.38 元的罚款；对刘某给予警告，并处以 30 万元的罚款。

| 处理理由 |

第一，《证券法》第 77 条在列举了操纵证券市场的典型手段后，又规定"以其他手段操纵证券市场"，属于不完全列举的示例性规定。《证券法》规定了证监会集中统一监督管理全国证券市场的职权，证监会在执法中认定以其他手段操纵证券市场的行为并进行处罚，于法有据。近年来，证监会适用《证券法》第 77 条第 1 款第（四）项，查处了包括虚假申报、尾市拉抬等在内多起"以其他手段操纵证券市场"的案件，如刘文金案（行政处罚决定书〔2018〕14 号）、李健案（行政处罚决定书〔2017〕37 号）、创世翔案（行政处罚决定书〔2016〕120 号）等。

第二，当事人实际控制两个凌云产品账户，以其是凌云账户的投资顾问为由主张不构成操纵行为主体，理由不能成立。根据天津某宇公司与通某投资公司签订的《委托理财协议》及《投资服务协议之补充协议》，通某投资公司在涉案期间受托管理上述两个产品。综合天某基金相关说明、交易指令表和涉案人员询问笔录等证据，通某投资公司具有两个凌云产品账户的交易决策权，天某基金对通某投资公司发出的交易指令没有进行实质意义上的审核。当事人提出天某基金对通某投资公司的交易指令有人工拆单环节，与已调取的交易指令表不符，缺乏证据支持。另经对两个凌云产品账户的交易路径问题补充核查，亦未发现前述事实认定存在错误或不当之处。基于以上事实，通某投资公司在涉案期间是凌云账户交易的实际决策者，理应对凌云账户的交易行为承担法律责任。

第三，涉案期间，当事人集中资金优势，采用盘中拉抬、对倒交易、日内或隔日反向交易、尾盘拉升、大额封涨停等方式交易"永艺股份"，影响其交易价格，扰乱证券市场正常的价格机制，证监会认定其行为构成证券市场操纵，并无不妥。当事人提出的由于看好而投资标的股票，不具有操纵的主观故意，不同账户的交易策略和目标不同故操作方法不同，2016 年 6 月 16 日对倒交易是由于应对大额操作而卖出股份等申辩理由，缺乏证据证明且与事实不符，不予采信。

第四，2016 年 6 月 17 日之后，当事人依然存在反向买入及对倒交易标的股票的行为。当事人提出的 2016 年 6 月 23 日交易员由于股票代码相近，误认"永艺股份"（股票代码 603600）为"华微电子"（股票代码 600360）而错误下单买入导致对倒交易的申辩，经查，当日两只股票价格相差约 5 倍，且委买量高达 2.37 万股，明显与事实不符，不能成立。据此，对当事人提出的在违法所得中扣除 6 月 17 日之后的交易收益的主张亦不予采纳。

第五，《行政处罚事先告知书》已充分告知当事人本案拟作出行政处罚的违法事实、理由和依据，相关事实有在案证据证明。当事人及其代理人听证前在证监会阅卷两天，并有充足时间准备申辩意见和相关材料，不存在影响其申辩权利行使的情形。

第六，首先，《证券法》第 203 条规定的"没收违法所得"的范围，应当包括违法行为所产生的全部收益，至于这种收益是否归属于违法主体通某投资公司，不影响本案操纵行为违法所得的认定。如因通某投资公司对产品的收益不具有处分权而减少认定违法所得，将导致过罚不当。其次，对于当事人主张应当在违法所得中扣除 6 月 3 日浮盈的申辩意见，证监会认为，本案当事人的操纵行为包括建仓、洗盘、出货三个阶段，建仓是操纵行为的必要组成部分，将其同之后的交易阶段割裂开来单独计算收益不合逻辑，更何况本案中当事人 6 月 3 日的买入行为与其下一个交易日即 6 月 6 日后的盘中拉升等异常交易行为事实上紧密相连，据此不予采纳。

第七，综合本案违规手法、情节及危害后果等因素，并考虑当事人配合调查情况，证监会适当减少对其罚款金额。

第八，刘某提出，其已向通某投资公司提出辞职申请，主观上没有操纵市场的动机与目的。根据在案证据，刘某是通某投资公司的前执行总裁和董事，尽管刘某于 2016 年 6 月 16 日辞去了通某投资公司的执行总裁职务，其还担任公司的投资经理，并在涉案期间对账户组的投资决策直接负责，在操纵"永艺股份"股价中起决定作用，当事人刘某的此项申辩意见不能成立。

· ·

（二）律师评析

1. 账户交易决策权是认定资管产品账户控制关系的重要考量因素

在涉案期间，本案当事人集中资金优势，采用盘中拉抬、对倒交易、日内或隔日反向交易、尾盘拉升、大额封涨停等方式交易"永艺股份"，影响其交易价格，扰乱证券市场正常的价格机制。根据天津华某与通某投资公司签订的《委托理财协议》及《投资服务协议之补充协议》，通某投资公司在涉案期间受托管理两个凌云产品。综合天某基金相关说明、交易指令表和涉案人员询问笔录等证据，通某投资公司具有两个凌云产品账户的交易决策权，实际控制两个凌云产品账户。

在对利用资管产品实施操纵市场的执法实践中，账户交易决策权是认定资管产品账户控制关系的重要考量因素。账户控制关系认定是对当事人在涉案期间实际掌握账户交易决策权的事实的确认。资管计划产品中产品管理人是法律意义上的受托管理人，对产品账户具有管理、控制权，但对于通道业务，产品管理人通常不实际负责投资决策，往往根据投资顾问、委托人等其他主体的投资建议或交易指令进行交易。本案中，通某投资公司作为相关通道业务资管产品的投资顾问，负责发送交易指令，管理人天某基金公司仅作合规审核，交易决策权实质由通某投资公司行使。因此，通某投资公司系账户的实际控制人，应当对涉案交易行为承担法律责任。

2. 需要多方面考虑来判断是否构成犯罪

在这类案件中，只有情节严重的才构成犯罪。至于全案情节是否严重，实践中一般从以下三个方面考虑：一是行为人人身危险程度，即行为人是初犯、偶犯，还是常犯、累犯；二是行为人行为的结果状况，即行为人实际谋取利益或避免损失的数额大小，破坏证券、期货市场秩序的实际情况和不利影响是否严重、恶劣；三是行为人实施操纵证券、期货市场行为的具体手段、方式及其实施操纵证券、期货市场行为的次数。行为人的操纵行为没达到"情节严重"的，只对行为人追究其相应的行政责任或民事责任。

（三）相关法条及司法解释

《中华人民共和国证券法》（2019 年修订）

第五十五条 禁止任何人以下列手段操纵证券市场，影响或者意图影响证券交易价格或者证券交易量：

（一）单独或者通过合谋，集中资金优势、持股优势或者利用信息优势联合或者连续买卖；

（二）与他人串通，以事先约定的时间、价格和方式相互进行证券交易；

（三）在自己实际控制的账户之间进行证券交易；

（四）不以成交为目的，频繁或者大量申报并撤销申报；

（五）利用虚假或者不确定的重大信息，诱导投资者进行证券交易；

（六）对证券、发行人公开作出评价、预测或者投资建议，并进行反向证券交易；

（七）利用在其他相关市场的活动操纵证券市场；

（八）操纵证券市场的其他手段。

操纵证券市场行为给投资者造成损失的，应当依法承担赔偿责任。

第一百九十二条 违反本法第五十五条的规定，操纵证券市场的，责令依法处理其非法持有的证券，没收违法所得，并处以违法所得一倍以上十倍以下的罚款；没有违法所得或者违法所得不足一百万元的，处以一百万元以上一千万元以下的罚款。单位操纵证券市场的，还应当对直接负责的主管人员和其他直接责任人员给予警告，并处以五十万元以上五百万元以下的罚款。

四、"抢帽子"交易操纵行为是一种典型的操纵证券市场的行为

在一些涉及证券违法案件中，证券公司、证券咨询机构、专业中介机构及其工作人员，买卖或者持有相关证券，并对该证券或其发行人、上市公司公开作出评价、预测或者投资建议，以便通过期待的市场波动取得经济利益的行为属于"抢帽子"交易操纵行为。"朱某某操纵证券市场案"中的被告人就违背从业禁止规定，进行"抢帽子"交易。

（一）典型案例

☞ **朱某某操纵证券市场案**[4]

【关键词】 操纵证券市场 "抢帽子"交易 公开荐股

- -

| 基本案情 |

被告人朱某某，男，原系国开证券有限责任公司上海龙华西路证券营业部（以下简称"国开证券营业部"）证券经纪人，上海电视台第一财经频道《谈股论金》节目特邀嘉宾。

----

[4] 上海市第一中级人民法院（2017）沪01刑初49号。

2013 年 2 月 1 日至 2014 年 8 月 26 日，被告人朱某某在任国开证券营业部证券经纪人期间，先后多次在其担任特邀嘉宾的《谈股论金》电视节目播出前，使用实际控制的三个证券账户买入多只股票，于当日或次日在《谈股论金》节目播出过程中，以特邀嘉宾身份对其先期买入的股票进行公开评价、预测及推介，并于节目首播后一至二个交易日内抛售相关股票，人为地影响前述股票的交易量和交易价格，获取利益。经查，其买入股票交易金额共计人民币 2094.22 万余元，卖出股票交易金额共计人民币 2169.70 万余元，非法获利 75.48 万余元。

2016 年 11 月 29 日，上海市公安局以朱某某涉嫌操纵证券市场罪移送上海市人民检察院第一分院审查起诉。2017 年 5 月 18 日，上海市人民检察院第一分院以被告人朱某某犯操纵证券市场罪向上海市第一中级人民法院提起公诉。2015 年 7 月 20 日，上海市第一中级人民法院公开开庭审理了本案。

公诉人宣读起诉书指控被告人朱某某违反从业禁止规定，以"抢帽子"交易手段操纵证券市场谋取利益，其行为构成操纵证券市场罪。对以上指控的犯罪事实，公诉人出示了四组证据予以证明：

一是关于被告人朱某某主体身份情况的证据。包括：（1）国开证券有限责任公司与朱某某签订的劳动合同、委托代理合同等工作关系书证；（2）《谈股论金》节目编辑陈某等证人证言；（3）户籍资料、从业资格证书等书证；（4）被告人朱某某的供述。证明：朱某某于 2013 年 2 月至 2014 年 8 月担任国开证券营业部证券经纪人期间，先后多次受邀担任《谈股论金》节目特邀嘉宾。

二是关于涉案账户登录异常的证据。包括：（1）朱某等证人证言；（2）朱某某出入境及国内出行记录等书证；（3）司法会计鉴定意见书、搜查笔录等；（4）被告人朱某某的供述。证明：2013 年 2 月至 2014 年 8 月，"朱某""孙某""张某"三个涉案证券账户的实际控制人为朱某某。

三是关于涉案账户交易异常的证据。包括：（1）《谈股论金》节目编辑陈某等证人证言；（2）证监会行政处罚决定书及相关认定意见、调查报告等书证；（3）司法会计鉴定意见书；（4）节目视频拷贝光盘、QQ 群聊天记录等视听资料、电子数据；（5）被告人朱某某的供述。证明：朱某某在节目中推荐的 15 只股票，均被其在节目播出前一至二个交易日或播出当天买入，并于节目播出后一至二个交易日内卖出。

四是关于涉案证券账户资金来源及获利的证据。包括：（1）证人朱某的证言；（2）证监会查询通知书等书证；（3）司法会计鉴定意见书等；（4）被告人朱某某的供述。证明：朱某某在公开推荐股票后，股票交易量、交易价格涨幅明显。"朱某""孙某""张某"三个证券账户交易初始资金大部分来自朱某某，且与朱某某个人账户资金往来频繁。上述账户在涉案期间累计交易金额人民币4263.92 万余元，获利人民币 75.48 万余元。

| 裁判结果 |

2017 年 7 月 28 日，上海市第一中级人民法院作出一审判决，以操纵证券市场罪判处被告人朱某某有期徒刑 11 个月，并处罚金人民币 76 万元，其违法所得予以没收。

一审宣判后，被告人未上诉，判决已生效。

| 裁判理由 |

被告人朱某某及其辩护人对公诉意见没有异议，被告人当庭表示愿意退缴违法所得。辩护人提出，考虑被告人认罪态度好，建议从轻处罚。

法庭经审理，认定公诉人提交的证据能够相互印证，予以确认。综合考虑全案犯罪事实、情节，对朱某某处以相应刑罚。

第一，关于本案定性。证券公司、证券咨询机构、专业中介机构及其工作人员，买卖或者持有相关证券，并对该证券或其发行人、上市公司公开作出评价、预测或者投资建议，以便通过期待的市场波动取得经济利益的行为是"抢帽子"交易操纵行为。根据《刑法》第 182 条第 1 款第（四）项的规定，属于"以其他方法操纵"证券市场，情节严重的，构成操纵证券市场罪。

第二，关于控制他人账户的认定。综合本案证据，可以认定朱某某通过实际控制的"朱某""孙某""张某"三个证券账户在公开荐股前买入涉案 15 只股票，荐股后随即卖出谋取利益，涉案股票价量均因荐股有实际影响，朱某某实际获利 75 万余元。

第三，关于公开荐股的认定。结合证据，朱某某在电视节目中，或明示股票名称，或介绍股票标识性信息、展示 K 线图等，投资者可以依据上述信息确定涉案股票名称，系在电视节目中对涉案股票公开作出评价、预测、推介，可以认定构成公开荐股。

（二）律师评析

本案属于公开荐股案件中的一例，在案发时引起社会的广泛关注，具有典型意义。

1. "抢帽子" 交易操纵行为是一类典型的操纵证券市场的行为

在实践中，证券公司、证券咨询机构、专业中介机构及其工作人员，买卖或者持有相关证券，并对该证券或其发行人、上市公司公开作出评价、预测或者投资建议，以便通过期待的市场波动取得经济利益的行为属于"抢帽子"交易操纵行为。

根据我国 2017 年《刑法》第 182 条第 1 款第（四）项的规定，"以其他方法操纵"证券市场，情节严重的，构成操纵证券市场罪。本案中，被告人就是利用其身份在节目中公开评价、预测，属于"抢帽子"交易操纵行为。《刑法修正案（十一）》虽然对操纵证券、期货市场罪作出了修改，但是依然保留了"以其他方法操纵证券、期货市场的"条款。本案中的被告人违背从业禁止规定，买卖或者持有证券，并在对相关证券作出公开评价、预测或者投资建议后，通过预期的市场波动反向操作，谋取利益，情节严重，应以操纵证券市场罪追究其刑事责任。

2. 证券犯罪具有专业性、隐蔽性的特征

检察机关在办理证券犯罪类案件时，应当有针对性地根据证券犯罪案件特点，引导公安机关从证券交易记录、资金流向等问题切入，全面收集涉及犯罪的书证、电子数据、证人证言等证据，并结合案件特点开展证据审查。对于书证，要重点审查涉及证券交易记录的凭证，有关交易数量、交易额、成交价格、资金走向等证据。对于电子数据，要重点审查收集程序是否合法，是否采取必要的保全措施，是否经过篡改，是否感染病毒，等等。对于证人证言，要重点审查证人与犯罪嫌疑人的关系，证言能否与客观证据相印证，等等。

3. 行为人是否实际控制涉案账户影响案件的定性

在证券犯罪案件中，犯罪嫌疑人或被告人及其辩护人经常会提出涉案账户实际控制人及操作人非其本人的辩解。对此，办案机关可以从行为人资金往来记录，MAC 地址（硬件设备地址）、IP 地址与互联网访问轨迹的重合度与连贯性，身份关系和资金关系的紧密度，涉案股票买卖与公开荐股在时间及资金比例上的高度关联性，相关证人证言在细节上是否吻合等方面入手，构建严密的证据体系，确定被告人与涉案账户的实际控制关系。

（三）相关法条及司法解释

《中华人民共和国刑法》

第一百八十二条 有下列情形之一，操纵证券、期货市场，影响证券、期货交易价格或者证券、期货交易量，情节严重的，处五年以下有期徒刑或者拘役，并处或者单处罚金；情节特别严重的，处五年以上十年以下有期徒刑，并处罚金：

（一）单独或者合谋，集中资金优势、持股或者持仓优势或者利用信息优势联合或者连续买卖的；

（二）与他人串通，以事先约定的时间、价格和方式相互进行证券、期货交易的；

（三）在自己实际控制的账户之间进行证券交易，或者以自己为交易对象，自买自卖期货合约的；

（四）不以成交为目的，频繁或者大量申报买入、卖出证券、期货合约并撤销申报的；

（五）利用虚假或者不确定的重大信息，诱导投资者进行证券、期货交易的；

（六）对证券、证券发行人、期货交易标的公开作出评价、预测或者投资建议，同时进行反向证券交易或者相关期货交易的；

（七）以其他方法操纵证券、期货市场的。

单位犯前款罪的，对单位判处罚金，并对其直接负责的主管人员和其他直接责任人员，依照前款的规定处罚。

《最高人民检察院 公安部关于公安机关管辖的刑事案件立案追诉标准的规定（二）》（2022 年修订）

第三十四条 ［操纵证券、期货市场案（刑法第一百八十二条）］操纵证券、期货市场，影响证券、期货交易价格或者证券、期货交易量，涉嫌下列情形之一的，应予立案追诉：

（一）持有或者实际控制证券的流通股份数量达到该证券的实际流通股份总量百分之十以上，实施刑法第一百八十二条第一款第一项操纵证券市场行为，连续十个交易日的累计成交量达到同期该证券总成交量百分之二十以上的；

（二）实施刑法第一百八十二条第一款第二项、第三项操纵证券市场行为，连续十个交易日的累计成交量达到同期该证券总成交量百分之二十以上的；

（三）利用虚假或者不确定的重大信息，诱导投资者进行证券交易，行为人进行相关证券交易的成交额在一千万元以上的；

（四）对证券、证券发行人公开作出评价、预测或者投资建议，同时进行反向证券交易，证券交易成交额在一千万元以上的；

（五）通过策划、实施资产收购或者重组、投资新业务、股权转让、上市公司收购等虚假重大事项，误导投资者作出投资决策，并进行相关交易或者谋取相关利益，证券交易成交额在一千万元以上的；

（六）通过控制发行人、上市公司信息的生成或者控制信息披露的内容、时点、节奏，误导投资者作出投资决策，并进行相关交易或者谋取相关利益，证券交易成交额在一千万元以上的；

（七）实施刑法第一百八十二条第一款第一项操纵期货市场行为，实际控制的账户合并持仓连续十个交易日的最高值超过期货交易所限仓标准的二倍，累计成交量达到同期该期货合约总成交量百分之二十以上，且期货交易占用保证金数额在五百万元以上的；

（八）通过囤积现货，影响特定期货品种市场行情，并进行相关期货交易，实际控制的账户合并持仓连续十个交易日的最高值超过期货交易所限仓标准的二倍，累计成交量达到同期该期货合约总成交量百分之二十以上，且期货交易占用保证金数额在五百万元以上的；

（九）实施刑法第一百八十二条第一款第二项、第三项操纵期货市场行为，实际控制的账户连续十个交易日的累计成交量达到同期该期货合约总成交量百分之二十以上，且期货交易占用保证金数额在五百万元以上的；

（十）利用虚假或者不确定的重大信息，诱导投资者进行期货交易，行为人进行相关期货交易，实际控制的账户连续十个交易日的累计成交量达到同期该期货合约总成交量百分之二十以上，且期货交易占用保证金数额在五百万元以上的；

（十一）对期货交易标的公开作出评价、预测或者投资建议，同时进行相关期货交易，实际控制的账户连续十个交易日的累计成交量达到同期该期货合约总成交量的百分之二十以上，且期货交易占用保证金数额在五百万元以上的；

（十二）不以成交为目的，频繁或者大量申报买入、卖出证券、期货合约并撤销申报，当日累计撤回申报量达到同期该证券、期货合约总申报量百分之五十以上，且证券撤回申报额在一千万元以上、撤回申报的期货合约占用保证金数额在五百万元以上的；

（十三）实施操纵证券、期货市场行为，获利或者避免损失数额在一百万元以上的。

操纵证券、期货市场，影响证券、期货交易价格或者证券、期货交易量，获利或者避免损失数额在五十万元以上，同时涉嫌下列情形之一的，应予立案追诉：

（一）发行人、上市公司及其董事、监事、高级管理人员、控股股东或者实际控制人实施操纵证券、期货市场行为的；

（二）收购人、重大资产重组的交易对方及其董事、监事、高级管理人员、控股股东或者实际控制人实施操纵证券、期货市场行为的；

（三）行为人明知操纵证券、期货市场行为被有关部门调查，仍继续实施的；

（四）因操纵证券、期货市场行为受过刑事追究的；

（五）二年内因操纵证券、期货市场行为受过行政处罚的；

（六）在市场出现重大异常波动等特定时段操纵证券、期货市场的；

（七）造成其他严重后果的。

对于在全国中小企业股份转让系统中实施操纵证券市场行为，社会危害性大，严重破坏公平公正的市场秩序的，比照本条的规定执行，但本条第一款第一项和第二项除外。

五、准确区分虚假申报操纵行为与合法的报撤单交易行为

在办案当中，要准确区分虚假申报操纵行为与合法的报撤单交易行为，着重审查判断行为人的申报目的、是否进行与申报相反的交易或者谋取相关利益，并结合行为人实际控制账户相关交易数据，细致分析行为人申报、撤单和反向申报行为之间的关联性、撤单所占比例、反向交易数量、获利情况等，综合判断行为性质。

（一）典型案例

☞ **唐某博等人操纵证券、期货市场罪案**[5]

【关键词】 情节特别严重　自首　立功

| **基本案情** |

2012 年 5 月至 2013 年 1 月，唐某博伙同唐某子、唐某琦使用本人及其控制的数十个他人证券账户，不以成交为目的，采取频繁申报后撤单或者大额申报

---

[5] 上海市第一中级人民法院（2019）沪 01 刑初 19 号。

后撤单的方式，诱导其他证券投资者进行与虚假申报方向相同的交易，进而影响三只股票的交易价格和交易量，随后进行与申报相反的交易获利，违法所得金额共计2581万余元。其中：

2012年5月7日至5月23日，唐某博伙同唐某子、唐某琦采用上述手法操纵"华资实业"股票，违法所得金额425.77万余元。其间，5月9日、10日、14日撤回申报买入量分别占当日该股票总申报买入量的57.02%、55.62%、61.10%，撤回申报买入金额分别为9000万余元、3.5亿余元、2.5亿余元。

2012年4月24日至5月7日，唐某博伙同唐某子、唐某琦采用上述手法操纵"京投银泰"股票，违法所得金额1369.14万余元。其间，5月3日、4日撤回申报买入量分别占当日该股票总申报买入量的56.29%、52.47%，撤回申报买入金额分别为4亿余元、4.5亿余元。

2012年6月5日至2013年1月8日，唐某博伙同唐某琦采用上述手法操纵"银基发展"股票，违法所得金额786.29万余元。其间，2012年8月24日撤回申报卖出量占当日该股票总申报卖出量的52.33%，撤回申报卖出金额1.1亿余元。

| 裁判结果 |

2020年3月30日，上海市第一中级人民法院作出一审判决，综合全案事实、情节，对唐某博、唐某子减轻处罚，对唐某琦从轻处罚，以操纵证券市场罪判处：被告人唐某博有期徒刑3年零6个月，并处罚金人民币2450万元；被告人唐某子有期徒刑1年零8个月，并处罚金人民币150万元；被告人唐某琦有期徒刑1年，缓刑1年，并处罚金人民币10万元。操纵证券市场违法所得2581万余元予以追缴。

被告人未上诉，判决已生效。

| 裁判理由 |

1. 关于指控操纵"银基发展"股票一节能否认定为操纵证券市场犯罪

法院认为，应认定该节事实构成操纵证券市场罪。主要理由是：（1）被告人唐某博控制账户组存在虚假申报交易"银基发展"股票行为。指控时间段内，唐某博控制账户组不以成交为目的，对"银基发展"股票频繁申报、撤单或者大额申报、撤单，且2012年8月24日当天，累计撤回申报卖出量达到同期该股票总申报卖出量50%以上，撤回申报金额在1000万元以上，误导投资者作出投资决策，影响该股票的交易价格与交易量。（2）指控时间段内，唐某博控制账户组进行了与虚假申报相反的交易等行为，操纵"银基发展"股票获利的意图明显，且获取了巨额利益。

2. 关于"王某3"证券账户的实际控制人

法院认为，应认定系被告人唐某博而非唐某子实际控制"王某3"证券账户。主要理由是：（1）唐某博、唐某子的供述相互印证，证明"王某3"账户系唐某博控制使用，账户内资金归属于唐某博。（2）司法会计鉴定意见书及附件反映，"王某3"证券账户的资金来源、去向为唐某博实际控制的其他账户。"王某3"证券账户资金主要源于"张某2"中国民生银行南京中央门支行账户，资金去向主要为"王某4"中国民生银行南京中央门支行账户。而在案证据证明，"张某2"证券账户及银行卡、"王某4"证券账户及银行卡均系唐某博实际控制。（3）"王某3"证券账户操作的IP地址与唐某博的出行记录相吻合。

3. 关于违法所得数额认定

法院认为，对操纵证券市场违法所得数额的认定，应以与涉案股票操纵行为实质关联的股票建仓时间以及出售时间等为范围来计算违法所得，而非仅认定实施操纵行为当日的违法所得。同时，从本案来看，操纵证券市场违法所得数额以实际获利金额认定更为妥当，鉴于本案被告人实际获利金额略高于指控数额，本院不再增加认定。

4. 关于是否认定情节特别严重

法院认为，被告人唐某博应对全案操纵证券市场事实承担刑事责任，涉及违法所得金额2581万余元；被告人唐某子应对其参与的操纵证券市场事实承担刑事责任，涉及违法所得金额1790余万元；两人均系情节特别严重。鉴于唐某琦接受唐某博指令多次参与涉案股票交易，故认定其操纵证券市场情节严重。

（二）律师评析

1. 要准确认识操纵型证券犯罪方法手段的变化

操纵证券市场行为违法干预证券市场供求关系，破坏自由、公平的证券价格形成机制，损害其他投资者合法权益，严重危害证券市场健康发展。随着证券市场的发展，操纵市场行为的专业性和隐蔽性明显增强，操纵手段花样翻新。2019年修订的《证券法》和《最高人民法院、最高人民检察院关于办理操纵证券、期货市场刑事案件适用法律若干问题的解释》进一步明确了"幌骗交易操纵""蛊惑交易操纵""抢帽子交易操纵""重大事件操纵""利用信息优势操纵""跨期、现货市场操纵"等常见操纵手段，并降低了定罪标准，全面加大了惩治力度。

2. 要准确把握虚假申报操纵犯罪和正常报撤单的界限

虚假申报操纵是当前短线操纵的常见手段，操纵者主观上不以成交为目的，频繁申报后撤单或者大额申报后撤单，误导其他投资者作出投资决策，影响证券交易价格或者证券交易量，并进行与申报相反的交易或者谋取相关利益。司法机关在办案过程中要准确区分虚假申报操纵行为与合法的报撤单交易行为，着重审查判断行为人的申报目的、是否进行与申报相反的交易或者谋取相关利益，并结合行为人实际控制账户相关交易数据，细致分析行为人申报、撤单和反向申报行为之间的关联性、撤单所占比例、反向交易数量、获利情况等，综合判断行为性质。

3. 检察机关要有针对性地提出量刑建议

操纵证券市场的犯罪人目的是获取非法利益。惩治操纵证券市场犯罪，要注意发挥各类刑罚方法的功能，检察机关在提出量刑建议时，要注重剥夺自由刑与财产处罚刑、追缴违法所得并用，不让犯罪人在经济上得到好处，增强刑事追究的惩罚力度和震慑效果。

（三）相关法条及司法解释

《中华人民共和国刑法》

第二十五条 共同犯罪是指二人以上共同故意犯罪。

二人以上共同过失犯罪，不以共同犯罪论处；应当负刑事责任的，按照他们所犯的罪分别处罚。

第二十六条 组织、领导犯罪集团进行犯罪活动的或者在共同犯罪中起主要作用的，是主犯。

三人以上为共同实施犯罪而组成的较为固定的犯罪组织，是犯罪集团。

对组织、领导犯罪集团的首要分子，按照集团所犯的全部罪行处罚。

对于第三款规定以外的主犯，应当按照其所参与的或者组织、指挥的全部犯罪处罚。

第二十七条 在共同犯罪中起次要或者辅助作用的，是从犯。

对于从犯，应当从轻、减轻处罚或者免除处罚。

第六十八条 犯罪分子有揭发他人犯罪行为，查证属实的，或者提供重要线索，从而得以侦破其他案件等立功表现的，可以从轻或者减轻处罚；有重大立功表现的，可以减轻或者免除处罚。

第一百八十二条 有下列情形之一，操纵证券、期货市场，影响证券、期货交易价格或者证券、期货交易量，情节严重的，处五年以下有期徒刑或者拘役，并处或者单处罚金；情节特别严重的，处五年以上十年以下有期徒刑，并处罚金：

（一）单独或者合谋，集中资金优势、持股或者持仓优势或者利用信息优势联合或者连续买卖的；

（二）与他人串通，以事先约定的时间、价格和方式相互进行证券、期货交易的；

（三）在自己实际控制的账户之间进行证券交易，或者以自己为交易对象，自买自卖期货合约的；

（四）不以成交为目的，频繁或者大量申报买入、卖出证券、期货合约并撤销申报的；

（五）利用虚假或者不确定的重大信息，诱导投资者进行证券、期货交易的；

（六）对证券、证券发行人、期货交易标的公开作出评价、预测或者投资建议，同时进行反向证券交易或者相关期货交易的；

（七）以其他方法操纵证券、期货市场的。

单位犯前款罪的，对单位判处罚金，并对其直接负责的主管人员和其他直接责任人员，依照前款的规定处罚。

六、新类型的信息型操纵证券市场犯罪呈现新特点

在我国，关于操纵证券市场的犯罪已经屡见不鲜，且以传统的交易型操纵证券市场犯罪为主。但是从青岛市中级人民法院（2016）鲁02刑初148号"徐某、王某等操纵证券市场案"的侦破来看，新类型的信息型操纵证券市场犯罪已经出现。此类犯罪与传统交易型证券犯罪相比较，有一些新的特点：第一，此类犯罪的隐蔽性更强，不易被发觉。第二，出现了操纵者与公司大股东合谋套利、各取所需的情况。第三，当事人通常利用自己的优势，对市场释放各种利好或者利空的信息，从而干扰投资者的正常投资分析决策，达到操纵证券市场的目的。打击此类犯罪最大的难点在于，如何区分投放信息者的"概念炒作"

属于正常商业行为还是操纵行为，以及如何加强对信息优势者的可疑过限行为的监管，等等。

（一）典型案例

☞ 徐某、王某等操纵证券市场案[6]

【关键词】操纵证券市场　信息优势　连续交易　市值管理

| 基本案情 |

山东省青岛市人民检察院指控：2009 年至 2015 年，被告人徐某成立泽熙公司，由徐某实际控制发行泽熙产品，进行证券投资。徐某以亲友、泽熙公司员工、员工亲友等人的名义开设大量证券账户供其控制、使用，获利按比例分成。2012 年至 2015 年，被告人王某以亲友及公司员工名义开设并实际控制近 20 人的证券账户，进行股票买卖。

2010 年至 2015 年，被告人徐某单独或与被告人王某、竺某共同和 13 家上市公司实际控制人合谋，按照徐某等人的要求，上市公司实际控制人控制上市公司发布"高送转"方案、释放公司业绩、引入热点题材等利好信息的披露时机和内容，由徐某等人利用合谋形成的信息优势，通过实际控制的泽熙产品证券账户、个人证券账户择机进行相关股票的连续买卖，双方共同操纵上市公司股票交易价格和交易量，在股价高位时减持上市公司股份，或将提前建仓股票、定向增发解禁股票抛售，从中获利。

| 裁判结果 |

山东省青岛市中级人民法院于 2017 年 1 月 22 日作出 （2016）鲁 02 刑初 148 号刑事判决：

一、判处被告人徐某犯操纵证券市场罪，判处有期徒刑 5 年零 6 个月，并处罚金人民币 110 亿元。

二、判处被告人王某有期徒刑 3 年，并处罚金人民币 10 亿元。

三、判处被告人竺某有期徒刑 2 年，缓刑 3 年，并处罚金人民币 5000 万元。

四、被告人徐某、王某、竺某违法所得人民币 9337631655.94 元依法上缴国库；被告人徐某持有的定向增发股票 1.4 亿余股及孳息依法上缴国库；随案移

---

[6]　青岛市中级人民法院 （2016）鲁 02 刑初 148 号。

送的罪证物品一宗，依法予以没收；随案移送的涉案财物依法处置。

宣判后，三名被告人未上诉，检察机关未抗诉，判决已发生法律效力。

│ **裁判理由** │

法院认为在上述行为中，徐某以操纵涉案股票交易价格和交易量为目的，控制上市公司信息发布的节奏和内容，甚至为部分上市公司提供热点题材或"高送转"方案，掌握上市公司发布信息的节点和基本内容，其行为符合利用信息优势操纵证券市场罪的构成要件。利用上市公司的信息优势是徐某、王某、竺某操纵涉案股票价格和交易量的重要方式，至于信息的真实或虚假，利好或利空，以及对上市公司发布利好信息的具体时间和细节是否完全知晓，不影响犯罪构成。

证券市场的交易价格波动受多种因素影响，但综合本案事实和证据可以认定，涉案期间，被告人徐某等人在二级市场使用控制的账户组除连续买卖外，还存在集合竞价虚假申报、开盘虚假申报、自买自卖、盘中交易拉升或打压、盘中拉抬、尾市封涨停、频繁高买低卖等多种异常交易行为，与上市公司实际控制人发布利好信息相互配合、共同作用，制造股票交易和市场活跃的假象，致使涉案股票交易价格异常，明显偏离同期沪深指数和行业指数等其他可比指数。

行政认定函证实，在与被告人徐某等人共同合谋的 13 家上市公司中，有 12 起涉案上市公司的股票价格的涨幅严重偏离同期沪深指数和行业指数，涉案股票换手率远超此前同期换手率；徐某控制的账户组在涉案公司发布利好信息后，即开始通过大宗交易接盘上市公司董事长、实际控制人或其他股东减持的股票，并通过竞价交易系统抛售获利，其间涉案股票价格明显上涨。鉴定机构出具的司法鉴定意见书证实，徐某、王某等利用信息优势，使用控制的账户组在二级市场连续买卖、接盘、抛售涉案股票，共计买入、卖出 75 亿余股，交易数量极大。

参照证监会实施的行业内相关规范性意见，上述指数和股票交易量是判断行为人操纵证券市场的重要指标，它们的异常变化足以证明徐某利用信息优势进行股票交易的行为是涉案股票上涨异常的重要原因。不能因为徐某停止个别涉案股票交易，股票价格仍继续抬升，或者个别涉案股票价格没有达到预期目标，而否认徐某等人操纵行为对股市的影响。

根据证券市场交易的相关规则，投资者正常参与上市公司大宗交易减持行为和认购定向增发股票，不属于操纵证券市场犯罪规制的对象。但在本案中，被告人徐某、王某、竺某等人事前与 13 家上市公司实际控制人合谋，利用资金优势，控制利好信息发布的节点，操纵股票价格，并事先签订协议，约定减持底价和超出部分分成，通过徐某、王某控制的账户组连续买卖涉案股票，拉高股价后高位减持或者匿名成立新公司参与定向增发股票，最终牟取非法利益。与正常减持和定向增发的方式方法均不同，事后徐某等人与上市公司实际控制人按约定分得赃款，并故意销毁双方协议以掩盖犯罪事实，其违反法律、操纵证券市场的主观意图明显。徐某多次供述，其在减持和定向增发期间，曾采取多种措施规避法律对大股东交易股票的强制性规定和证监部门的监管。

正常的市值管理是，通过合法合规的决策实现公司价值和利益的最大化、最优化。本案中，被告人徐某等人与上市公司实际控制人合谋，将上市公司董事长、实际控制人或其他股东减持股份和定向增发股票作为操纵股价和非法获利的工具、手段，明显不符合市值管理的内涵与要求。

（二）律师评析

1. 关注新类型的证券犯罪

不管是社会广泛关注的徐某案还是其他案件，司法实践中不断出现新类型的信息型操纵证券市场犯罪。行为人的手法更加高明，隐蔽性也更强，案件中涉及的多人相互配合也更加默契，这都是受证券犯罪背后巨大的收益所驱使。办案机关需要不断关注证券市场的新动态，不断从实践中总结经验与教训，这样才能真正做到精准打击。

2. 内幕交易罪与操纵证券市场罪竞合的问题

关于本案，很多人有到底是内幕交易罪还是操纵证券市场罪的疑惑。而实际上，徐某的获利应当分为两个部分：一部分来自他自己交易的获利，这部分获利如果还符合内幕交易的构成要件，获利所依赖的信息是内幕信息，则应该构成内幕交易罪与操纵证券市场罪的竞合，二者应择一重罪论处；另一部分来自徐某帮助高管减持的获利（因为是共犯，获利金额为高管获利数额与徐某获利数额之和），这部分单独构成操纵证券市场罪。

3. 信息优势连续交易类操纵或不以具体的价量影响为构成要件

徐某案辩护律师的一个辩护点就是涉案时段的持仓量、交易量等数据没有达到立案条件。按照2010年最高人民检察院和公安部的立案规定，操纵证券市场罪成立有七个立案追诉标准，其中前五个标准都对涉案股票的持仓量和交易量占比有明确的规定，但是第六个关于信息优势连续交易的标准中并没有量的具体规定。这其实是因为在连续交易类的操纵中，如何区分正常买入行为和操纵行为，也就是行为人主观意图的证明，一直是公诉机关和监管机构面临的难题。但如果连续交易行为是基于信息优势做出的，这种主观意图就比较容易证明，则无须量的要求也能证明行为的违法性质，因而产生规制的必要。

国外的监管趋势说明了一个逻辑：量的要求是为辅助证明主观意图，在主观意图明显可证时，量的要求则无必要。但是，这种逻辑在我国仍需通过未来的修法加以确认。目前，若是按照这种逻辑，无论是司法实践还是执法实践，都有扩大解释之嫌。

（三）相关法条及司法解释

《中华人民共和国刑法》

第一百八十二条　有下列情形之一，操纵证券、期货市场，影响证券、期货交易价格或者证券、期货交易量，情节严重的，处五年以下有期徒刑或者拘役，并处或者单处罚金；情节特别严重的，处五年以上十年以下有期徒刑，并处罚金：

（一）单独或者合谋，集中资金优势、持股或者持仓优势或者利用信息优势联合或者连续买卖的；

（二）与他人串通，以事先约定的时间、价格和方式相互进行证券、期货交易的；

（三）在自己实际控制的账户之间进行证券交易，或者以自己为交易对象，自买自卖期货合约的；

（四）不以成交为目的，频繁或者大量申报买入、卖出证券、期货合约并撤销申报的；

（五）利用虚假或者不确定的重大信息，诱导投资者进行证券、期货交易的；

（六）对证券、证券发行人、期货交易标的公开作出评价、预测或者投资建议，同时进行反向证券交易或者相关期货交易的；

（七）以其他方法操纵证券、期货市场的。

单位犯前款罪的，对单位判处罚金，并对其直接负责的主管人员和其他直接责任人员，依照前款的规定处罚。

第八章　有价证券诈骗

一、有价证券诈骗罪概述

有价证券诈骗罪，"是指以非法占有为目的，使用伪造、变造的国库券或者国家发行的其他有价证券，进行诈骗活动，数额较大的行为"[1]。其中，国家发行，包括国家直接发行与国家间接发行，后者指国家通过证券商承销出售证券的方式发行。国家发行不限于中央人民政府发行，还包括代表国家的国家职能部门（如财政部）发行。由财政部主管的彩票，应属于国家发行的有价证券。"使用"的对象，是不知情的自然人，若向知情的对方倒卖国家发行的有价证券，因为不存在受骗者，只能认定为倒卖伪造的有价票证罪[2]。

本罪的立案标准是，使用伪造、变造的国库券或者国家发行的其他有价证券进行诈骗活动，数额在 1 万元以上的，应予立案追诉。量刑标准由《刑法》第 197 条进行了规定。

司法实践中，行为人往往先伪造、变造国家有价证券，然后使用伪造、变造的国家有价证券进行诈骗。这种情况在认定时，应根据具体情况具体分析。一般按刑法牵连犯的理论，选择一重罪进行认定处理。另外还有一种情况，如果行为人伪造、变造国家有价证券后，自己并不直接进行诈骗，而是仅出售、转让他人的，由于我国《刑法》未将出售伪造、变造国家有价证券的行为规定为犯罪，则仅构成伪造、变造国家有价证券罪。如果行为人伪造、变造国家有价证券后，不仅自己直接利用伪造、变造的国家有价证券实施诈骗行为，同时

---

〔1〕　韩玉胜主编：《刑法学原理与案例教程》（第 4 版），中国人民大学出版社 2018 年版，第 355 页。

〔2〕　参见张明楷：《有价证券诈骗罪的疑难问题探讨》，载《政法论坛（中国政法大学学报）》2005 年第 6 期。

又将伪造、变造的国家有价证券出售、转让他人的，则行为人同时构成伪造、变造国家有价证券罪和伪造、变造国家有价证券诈骗罪。[3]

二、有价证券诈骗罪的主观方面以非法占有为目的

有价证券诈骗罪的主观方面以非法占有为目的，这一点在这类案件中非常关键，认定的时候需要综合考虑各种证据和因素。

（一）典型案例

☞ **王某某犯有价证券诈骗案**[4]

【关键词】非法占有　明知　诈骗　数额特别巨大

| 基本案情 |

2015 年 6 月初，乐平市吉宏空调有限公司法定代表人倪某某通过他人介绍认识被告人王某某，二人经面谈，被告人王某某答应为倪某某向银行贷款提供自己所有的面额为 3000 万元的国债凭证作为质押担保。作为回报，倪某某需支付质押标的 12% 即 360 万元作为报酬，另外再行支付 30 万元差旅费。

2015 年 6 月 8 日，被告人王某某陪同倪某某一起到中国建设银行乐平支行（以下简称"建行乐平支行"）办理贷款业务，王某某拿出一张面额为 3000 万元的中国建设银行河南省周口市大庆路支行发行的国债凭证，作为倪某某质押担保。银行收取王某某身份证和票据用于核查。在核查过程中，银行工作人员与出票的中国建设银行河南省周口市大庆路支行联系，该行明确表示无国债凭证专用章，国债系伪造。建行乐平支行随即向乐平市人民银行汇报，并于 2015 年 6 月 10 日向公安机关报案。2015 年 6 月 11 日，建行乐平支行以"贷款资料不全"为由，通知倪某某前往银行。倪某某与王某某到建行乐平支行后被公安机关带至乐平市公安局询问，王某某当天被刑事拘留。

| 裁判结果 |

乐平市人民法院判决：被告人王某某犯有价证券诈骗罪，判处有期徒刑 5

---

〔3〕参见罗猛、党日红：《伪造、变造国家有价证券犯罪若干问题研究》，载《北京人民警察学院学报》2007 年 3 期。

〔4〕江西省乐平市人民法院（2016）赣 0281 刑初 43 号。

年，并处罚金 10 万元。

┃裁判理由┃

被告人王某某以非法占有为目的，使用明知是伪造的有价证券进行诈骗活动，数额特别巨大（这里的数额是指，使用行为所骗取的财物数额，而不是伪造的国家证券面值的数额），公诉机关指控其犯有价证券诈骗罪，事实清楚，证据充分，法院依法予以确认。被告人王某某的辩护人提出被告人系自首的辩护意见，与事实不符。被告人王某某是在建行乐平支行工作人员的通知下到银行进一步办理业务时，被公安机关带走的，其没有任何主动投案的意思，对该辩护意见法院不予采纳。同时，被告人由于意志以外的原因而未得逞，系犯罪未遂，可以减轻处罚，对辩护人提出的犯罪未遂的辩护意见，法院予以采纳。被告人王某某到案后，能如实供述自己的犯罪事实，系坦白，可以从轻处罚。根据被告人王某某的犯罪事实，结合其量刑情节，依照《刑法》第 197 条、第 67 条第 3 款、第 23 条、第 52 条、第 53 条第 1 款之规定判决。

（二）律师评析

1. 有价证券诈骗罪的认定需要以非法占有为目的

有价证券诈骗罪，是以非法占有为目的，使用明知是伪造或变造的有价证券进行诈骗活动，数额较大的行为。不论是伪造国家有价证券还是变造国家有价证券，只要行为人进行其中行为之一且数额较大，就可以构成本罪；既使用伪造的国家有价证券又使用变造的国家有价证券且数额较大的，也只构成本罪一罪，不能数罪并罚。

所谓使用伪造、变造的国家有价证券，是指将之用于兑换现金、抵销债务等财产性的利益活动。所使用的既可以是自己伪造、变造的国家有价证券，也可以是他人伪造、变造的国家有价证券，只要属于明知却仍加以使用即可。

同时，使用伪造、变造的国家有价证券进行诈骗，达到了数额较大，才可构成本罪，如果没有达到数额较大，即使有使用伪造、变造的国家有价证券的行为，亦不能以本罪论处。值得注意的是，这里的数额较大，是指使用行为所骗取的财物数额较大，而不是伪造、变造国家证券面值的数额较大。[5] 根据

-----

〔5〕 参见王晨：《价证券诈骗罪定性问题研究》，载《人民司法》2002 年第 11 期。

《最高人民检察院 公安部关于公安机关管辖的刑事案件立案追诉标准的规定（二）》的通知，使用伪造、变造的国库券或者国家发行的其他有价证券，进行诈骗活动，数额在 5 万元以上的，应予立案追诉。此外，数额较大并不是仅指实际所得。实际获得数额较大的财物，构成本罪既遂。若实施了使用伪造、变造的国家有价证券的行为，但由于意志以外的原因未实际诈骗到数额巨大的财物，只要能查明行为人完全有可能获取数额巨大的财物，情节严重的，亦可构成本罪，应认定为犯罪未遂。

2. 关于本罪与伪造、变造国家有价证券罪的界限

需要注意本罪与伪造、变造国家有价证券罪的区分，两罪是相互关联的犯罪，因而存在很多共同特点，在犯罪认定过程中很容易造成混淆。二者主要的区分界限在于：第一，犯罪客体不同。伪造、变造国家有价证券罪侵害的是国家有价证券管理制度；而本罪侵害的客体是国家的有价证券管理制度和公私财产。第二，客观方面不同。伪造、变造国家有价证券罪的客观行为主要表现为实施伪造、变造行为；而本罪则是使用伪造、变造的有价证券进行诈骗，目的是利用伪造、变造的国家有价证券获得被害人的钱财。

（三）相关法条及司法解释

《中华人民共和国刑法》

第二十三条 已经着手实行犯罪，由于犯罪分子意志以外的原因而未得逞的，是犯罪未遂。

对于未遂犯，可以比照既遂犯从轻或者减轻处罚。

第五十二条 判处罚金，应当根据犯罪情节决定罚金数额。

第一百九十七条 使用伪造、变造的国库券或者国家发行的其他有价证券，进行诈骗活动，数额较大的，处五年以下有期徒刑或者拘役，并处二万元以上二十万元以下罚金；数额巨大或者有其他严重情节的，处五年以上十年以下有期徒刑，并处五万元以上五十万元以下罚金；数额特别巨大或者有其他特别严重情节的，处十年以上有期徒刑或者无期徒刑，并处五万元以上五十万元以下罚金或者没收财产。

三、有价证券诈骗罪的量刑具有轻缓化倾向

有价证券诈骗罪的量刑历来就不重，而且还有向轻缓化方向发展的趋势，

一方面是因为这种行为造成的后果往往不重，另一方面是因为在刑法执行过程中，往往会有减刑。

（一）典型案例

☞ 吴某某犯有价证券诈骗案[6]

【关键词】有价证券诈骗　认罪悔罪　减刑

| 基本案情 |

2011 年 3 月，被告人王某、孙某某在周口市地中海洗浴中心以 20 万元（其中孙某某出资 8 万元）的价格从一名姓朱的男子手中购买了一张户名为王某、面额为 760 万元的假中华人民共和国凭证式国债收款凭证。被告人王某意图用此国债凭证办理贷款 200 万元借给王某霞干工程，王某霞协助王某贷款，请被告人吴某某找关系让中国农业银行周口分行西城支行（出票行）出具该凭证式国债的存款证明，并约定成功后给被告人吴某某 30 万元至 50 万元的好处费。被告人吴某某在明知户名为王某的国债凭证不是通过正当途径办来的情况下，请商水县张明乡派出所民警李某亮帮忙找农业银行的熟人出具存款证明。被告人吴某某安排好后，通知了王某霞。被告人王某、孙某某与王某霞、陈某亮等人于 2011 年 8 月 4 日晚上从郑州到周口，与被告人吴某某在周口市见面。商议后，被告人吴某某安排李某亮到中国农业银行周口分行西城支行出具存款证明，并给了李某亮 6000 元费用。2011 年 8 月 5 日上午，正当李某亮、吴某某、孙某某、王某霞等人在中国农业银行周口分行西城支行办理存款证明业务时，假票被识破，被告人吴某某、孙某某等人被公安机关当场抓获，被告人王某在宾馆被抓获。

| 裁判结果 |

河南省周口市川汇区人民法院于 2012 年 6 月 14 日作出（2012）川刑初字第 106 号刑事判决，认定被告人吴某某犯有价证券诈骗罪，判处有期徒刑 5 年，并处罚金人民币 5 万元。

吴某某不服提出上诉，河南省周口市中级人民法院于 2012 年 8 月 21 日作出（2012）周少刑终字第 70 号刑事裁定：驳回上诉，维持原判。

---

〔6〕 河南省周口市中级人民法院（2015）商刑执字第 976 号。

宣判后，于2012年9月27日交付执行。刑罚执行机关河南省商丘市监狱提出减刑建议，报送河南省周口市法院审理。法院认为，罪犯吴某某自入狱以来确有悔改表现，符合减刑条件，可予减刑。根据其改造表现和所犯罪行及情节，依照《刑事诉讼法》第262条第2款，《刑法》第78条、第79条，《最高人民法院关于办理减刑、假释案件具体应用法律若干问题的规定》第1条之规定，裁定对罪犯吴某某减去有期徒刑7个月。

| 裁判理由 |

罪犯吴某某在服刑期间能够认罪悔罪，遵守监规狱纪，接受教育改造；能够积极参加思想、文化、职业技术教育，积极参加劳动，努力完成劳动任务。受表扬5次，刑罚执行机关对其进行5次评审鉴定，1次一般、3次良好、1次优秀，2015年上半年评审鉴定为优秀。刑罚执行机关提请对罪犯吴某某减刑，确已经过监区集体评议、监区长办公会审核后公示2日、刑罚执行科审查、监狱提请减刑假释评审委员会评审后公示5日、监狱长办公会决定，并书面通报和邀请驻狱检察人员现场监督评审委员会评审活动等程序。上述事实有执行机关提供的生效判决书，执行通知书，罪犯计分考核情况汇总表，罪犯改造评审鉴定表，罪犯奖励审批表，罪犯减刑审核表，提请减刑建议书，关于提请减刑经过程序的证明，管教干警赵某、马某及同监犯人华某某和杨某某的证言等证据在案佐证。

（二）律师评析

根据历年各省、自治区、直辖市关于有价证券诈骗罪判决的量化统计数据，在我国司法实践中，由于对有价证券诈骗被告人有自首、立功、坦白、从犯、退赔被害人、得到被害人谅解、自愿认罪、悔罪等法定或酌定量刑情节的适用，法院最终适用刑罚时都会给予被告人从轻、减轻处罚或酌定从轻处罚。

虽然司法实践当中对被告人从轻或减轻处罚的情况比较普遍，但有价证券诈骗罪对社会金融秩序的冲击力不容小觑，作为辩护人，应当积极利用法定或酌定量刑情节为被告人争取最轻处罚，以尽可能维护被告人的合法权益。

关于有价证券诈骗罪的量刑标准，《刑法》第197条规定，使用伪造、变造的国库券或者国家发行的其他有价证券，进行诈骗活动，数额较大的，处5年以下有期徒刑或者拘役，并处2万元以上20万元以下罚金；数额巨大或者有其他严重情节的，处 5 年以上 10 年以下有期徒刑，并处 5 万元以上 50 万元以下罚金；数额特别巨大或者有其他特别严重情节的，处 10 年以上有期徒刑或者无期徒刑，并处 5 万元以上 50 万元以下罚金或者没收财产。

（三）相关法条及司法解释

《中华人民共和国刑法》

第七十八条 被判处管制、拘役、有期徒刑、无期徒刑的犯罪分子，在执行期间，如果认真遵守监规，接受教育改造，确有悔改表现的，或者有立功表现的，可以减刑；有下列重大立功表现之一的，应当减刑：

（一）阻止他人重大犯罪活动的；

（二）检举监狱内外重大犯罪活动，经查证属实的；

（三）有发明创造或者重大技术革新的；

（四）在日常生产、生活中舍己救人的；

（五）在抗御自然灾害或者排除重大事故中，有突出表现的；

（六）对国家和社会有其他重大贡献的。

减刑以后实际执行的刑期不能少于下列期限：

（一）判处管制、拘役、有期徒刑的，不能少于原判刑期的二分之一；

（二）判处无期徒刑的，不能少于十三年；

（三）人民法院依照本法第五十条第二款规定限制减刑的死刑缓期执行的犯罪分子，缓期执行期满后依法减为无期徒刑的，不能少于二十五年，缓期执行期满后依法减为二十五年有期徒刑的，不能少于二十年。

第七十九条 对于犯罪分子的减刑，由执行机关向中级以上人民法院提出减刑建议书。人民法院应当组成合议庭进行审理，对确有悔改或者立功事实的，裁定予以减刑。非经法定程序不得减刑。

《中华人民共和国刑事诉讼法》

第二百六十二条 下级人民法院接到最高人民法院执行死刑的命令后，应当在七日以内交付执行。但是发现有下列情形之一的，应当停止执行，并且立即报告最高人民法院，由最高人民法院作出裁定：

（一）在执行前发现判决可能有错误的；

（二）在执行前罪犯揭发重大犯罪事实或者有其他重大立功表现，可能需要改判的；

（三）罪犯正在怀孕。

前款第一项、第二项停止执行的原因消失后，必须报请最高人民法院院长再签发执行死刑的命令才能执行；由于前款第三项原因停止执行的，应当报请最高人民法院依法改判。

《最高人民检察院 公安部关于公安机关管辖的刑事案件立案追诉标准的规定（二）》（2022 年修订）

第五十条 ［有价证券诈骗案（刑法第一百九十七条）］使用伪造、变造的国库券或者国家发行的其他有价证券进行诈骗活动，数额在五万元以上的，应予立案追诉。

第九章　编造并传播证券、期货交易虚假信息

一、编造并传播证券、期货交易虚假信息罪概述

编造并传播证券、期货交易虚假信息罪，"是指编造并且传播影响证券、期货交易的虚假信息，扰乱证券、期货交易市场，造成严重后果的行为"[1]。该罪名是《刑法修正案（十一）》生效后罪名名称有变化的犯罪，原罪名是"编造并传播证券交易虚假信息罪"。

本罪的主体是一般主体，既包括单位，又包括个人。本罪在主观方面必须出于故意，即明知编造并传播虚假信息会影响证券、期货交易价格，扰乱证券、期货交易市场，仍然决意编造并加以传播。过失不能构成本罪。

从编造并传播证券、期货交易虚假信息罪的构成要件来看，本罪的成立在客观方面必须同时具备编造和传播两个行为，且两个行为应当遵循一定的先后顺序，即先编造虚假信息再传播虚假信息。不然，虽然编造了虚假的信息但没有加以传播，或者虽然传播了虚假信息但信息不是自己所编造，如道听途说后又散布给他人的，就不应以本罪论处。行为人编造后故意要他人传播的，亦应认定为其既编造了虚假信息又传播了虚假信息。他人被人要求传播，如果其明知所要传播的虚假信息是编造的，对他人也应当以本罪论处。但他人如果不知道是要求人编造的，则不宜认定为本罪的既编造又传播的行为。如果行为人没有编造，而是将所取得的信息加以利用或泄露，如属内幕信息，则应以内幕交易或泄露内幕信息行为论处[2]。

---

[1]　韩玉胜主编：《刑法学原理与案例教程》（第 4 版），中国人民大学出版社 2018 年版，第 346 页。

[2]　参见赵秉志、徐文文：《论我国编造、传播虚假信息的刑法规制》，载《当代法学》2014 年第 5 期。

本罪为结果犯，其构成需以造成了严重的危害后果为必要。如果没有扰乱证券、期货交易市场，未造成实际危害后果，或虽然扰乱了证券、期货交易市场，造成了实际危害后果，但不属于严重的后果，亦不能构成本罪而以本罪定罪科刑。所谓造成严重后果，主要是指行为人的行为造成了证券、期货价格强烈波动；在投资者中引起了恐慌，大量抛售或购买证券、期货合约；给投资者造成了重大的经济损失；造成了恶劣的社会影响；等等。司法实践中也要求编造、传播虚假信息的行为与造成严重后果两者之间有一定的因果关系，否则行为人不应当对危害后果承担相应的刑事责任。[3]

二、编造并传播证券、期货交易虚假信息罪与操纵证券、期货交易罪存在竞合

编造并传播证券、期货交易虚假信息罪与操纵证券、期货交易罪在某些情况下存在竞合关系，具体定什么罪名需要结合案件的情况和证据予以认定。在《刑法修正案（十一）》生效前，一直是以编造并传播证券交易虚假信息罪来处理相关案件的。

（一）典型案例

☞ 滕某雄、林某山编造并传播证券交易虚假信息案[4]

【关键词】编造并传播证券交易虚假信息　严重后果　明知

| 基本案情 |

2015 年 5 月 8 日，深圳交易所中小板上市公司海某股份有限公司（以下简称"海某公司"）董事长滕某雄未经过股东大会授权，在明知未经股东大会同意无法履行协议条款的情况下，仍代表海某公司签订了以自有资金 2.25 亿元认购某银行定增股的认购协议，同时授意时任董事会秘书的林某山发布公告。次日，林某山在明知该协议不可能履行的情况下，仍按照滕某雄的指示发布该虚假消息。随后，在原定股东大会召开之日（5 月 26 日）前 3 日，又发布"中止投资

----

〔3〕 参见赵秉志、徐文文：《论我国编造、传播虚假信息的刑法规制》，载《当代法学》2014 年第 5 期。

〔4〕 上海市第二中级人民法院（2018）沪 02 刑初 27 号。

某银行"的公告。

2015 年 5 月 11 日至 2015 年 5 月 22 日，即认购公告发布后的首个交易日至放弃认购公告发布前的最后一个交易日，海某公司股价（收盘价）由 18.91 元上涨至 30.52 元，盘中最高价 32.05 元。按收盘价计算，上涨幅度 61.40%。同期深综指上涨幅度 20.68%，正偏离 40.71%。从成交量看，上述认购公告发布前 10 个交易日海某公司二级市场累计成交 4020 万余股，日均成交 402 万余股；认购公告发布后的首个交易日至放弃认购公告发布前的最后一个交易日的 10 个交易日中，海某公司二级市场累计成交 8220 万余股，日均成交量 822 万余股；放弃公告发布后 10 个交易日海某公司二级市场累计成交 6221 万余股，日均成交 622 万余股。虚假信息的传播，导致海某公司股票价格异常波动，交易量异常放大，严重扰乱了证券市场秩序。

2018 年 3 月 14 日，上海市人民检察院第二分院以滕某雄、林某山涉嫌编造并传播证券交易虚假信息罪提起公诉。

| 裁判结果 |

上海市第二中级人民法院作出一审判决，以编造并传播证券交易虚假信息罪判处被告人滕某雄有期徒刑 3 年，缓刑 4 年，并处罚金人民币 10 万元；判处被告人林某山有期徒刑 1 年零 6 个月，缓刑 2 年，并处罚金人民币 10 万元。

被告人均未上诉，判决已生效。

| 裁判理由 |

因在案证据不能证明滕某雄、林某山在发布信息的同时在二级市场进行关联交易，从中谋取相关利益，认定滕某雄、林某山操纵证券市场的证据不足，遂退回公安机关补充侦查。公安机关补充侦查后，检察机关仍然认为在案证据不能证明二被告人构成操纵证券市场罪，但是足以认定二被告人不以实际履行为目的控制海某公司发布虚假公告，且该发布虚假公告行为造成了股票价格和成交量剧烈波动的严重后果，构成编造并传播证券交易虚假信息罪。

（二）律师评析

最高人民检察院、证监会联合发布证券违法犯罪典型案例之六——滕某雄、林某山编造并传播证券交易虚假信息案，对实务审判具有重要的指导意义。

本案主要争议焦点为，被告的行为应当构成编造并传播证券交易虚假信息罪还是操纵证券市场罪。操纵证券、期货交易价格的行为极易制造证券、期货市场假象，诱导相关投资者在不了解市场真相的情况下作出错误的投资决策。[5] 两个罪名的区别主要有三点：

1. 行为人的主观目的不同。编造并传播证券交易虚假信息罪不要求主观上具有谋取不正当利益的目的；操纵证券市场罪则要求在主观上有影响证券、期货价格的故意和获取不正当利益或转嫁风险减免损失的目的。

2. 引起证券、期货行情虚假的原因不同。前者主要通过编造和传播虚假信息影响证券、期货交易，扰乱证券、期货市场；后者是通过各种操纵市场行为来制造证券、期货行情的虚假情形，吸收其他投资者参与证券、期货交易，从中谋利。[6]

3. 法定危害后果要求不同。前者属于结果犯，要求编造并传播虚假信息的行为产生实际严重后果；后者属于情节犯，要求行为人所实施的操纵证券、期货交易价格的行为达到情节严重程度。

在实践中，容易出现一行为同时触犯两种罪名的想象竞合情形，例如行为人以编造散布谣言、传播虚假信息等手段来实施操纵市场行为。此时，就要按照想象竞合犯的处罚原则即择一重罪处罚。

刑法规定的多个证券、期货犯罪罪名与证券交易信息有关，但具体构成要件有所不同，需要根据具体案情予以判断。

（三）相关法条及司法解释

《中华人民共和国刑法》

第一百八十一条 编造并且传播影响证券、期货交易的虚假信息，扰乱证券、期货交易市场，造成严重后果的，处五年以下有期徒刑或者拘役，并处或者单处一万元以上十万元以下罚金。

证券交易所、期货交易所、证券公司、期货经纪公司的从业人员，证券业协会、期货业协会或者证券期货监督管理部门的工作人员，故意提供虚假信息或者伪造、变造、销毁交易记录，诱骗投资者买卖证券、期货合约，造成严重后果的，处五年以下有期徒刑或者拘役，并处或者单处一万元以上十万元以下

---

〔5〕 参见刘宪权：《操纵证券、期货市场罪司法解释的法理解读》，载《法商研究》2020 年第 1 期。

〔6〕 参见甘德健：《操纵证券市场的方式及其界定》，载《企业家天地（理论版）》2007 年第 8 期。

罚金；情节特别恶劣的，处五年以上十年以下有期徒刑，并处二万元以上二十万元以下罚金。

单位犯前两款罪的，对单位判处罚金，并对其直接负责的主管人员和其他直接责任人员，处五年以下有期徒刑或者拘役。

三、编造并传播证券、期货交易虚假信息罪的认定不要求编造者和传播者是同一主体

编造并传播证券、期货交易虚假信息罪的认定并不要求编造者和传播者是同一主体，这一观点在有些案件中虽然有争议，但是司法机关倾向于认可此观点。

（一）典型案例

☞ 李某某编造并传播证券交易虚假信息案[7]

【关键词】编造并传播证券交易虚假信息　编造并且传播　股价异常波动

| 基本案情 |

被告人：李某某，男，30 岁，湖南省株洲县人，原系株洲县人民政府驻广西壮族自治区北海市办事处广西北海凌海贸易公司业务员，因本案于 1994 年 5 月 27 日被逮捕，同年 12 月 30 日被取保候审，1997 年 11 月 7 日再次被逮捕。

1993 年 3 月，被告人李某某被株洲县物资局派往株洲县人民政府驻广西北海市办事处设立的广西北海凌海贸易公司任业务员。同年 5 月 5 日，李某某与该公司签订承包合同，约定：公司拨给李某某 100 万元人民币作滚动资金，从事合法贸易经营；李某某于同年 11 月 30 日前收回 100 万元本金，并向公司交纳纯利润 15 万元。公司一方履行了合同义务。李某某在拿到 100 万元流动资金后打算做锡锭生意，因某些原因，生意未做成。同年 6 月 1 日，李某某将从公司取得的 100 万元流动资金汇入湖南省证券股份有限公司深圳业务部炒股。同年 9 月 13 日，李某某向该业务部借得现金 100 万元。同年 10 月 7 日，李某某在深圳证券交易所购进价格为每股 9.85 元的江苏省昆山市三山实业股份有限公司（以下简称"'苏三山'公司"）股票 9 万股；次日，又购进价格为每股 9.60 元的

〔7〕　湖南省株洲县人民法院（1997）株法刑初字第 230 号。

"苏三山"公司股票6万股。包括购买股票的手续费在内，这两次购买"苏三山"公司股票15万股共花去人民币1472737.50元。不久，"苏三山"公司股价连续下跌。李某某为挽回其股票交易损失，遂编造并传播"苏三山"公司股票交易的虚假信息，以促使其价格回升。同年10月8日，李某某以"北海一投资公司"的名义，分别向深圳证券交易所、"苏三山"公司邮寄匿名信，谎称该公司已持有"苏三山"公司股票，并准备再收购"苏三山"公司18.8%以上的股份，成为"苏三山"公司的大股东。但李某某的这一行为未能奏效。同年10月28日，李某某在北海市中山路一个体摊位上私刻了一枚"广西北海正大置业有限公司"的假印章。

同年11月2日，李某某以"广西北海正大置业有限公司"的名义，分别向"苏三山"公司、深圳证券交易所、《深圳特区报》编辑部、海南省《特区证券报》编辑部等单位邮寄信函，称已持有"苏三山"公司股票228万股，占该公司流通股份的4.56%，并称已将上述数据报告中国证监会、深圳证券交易所，要求报社根据《股票发行与交易管理暂行条例》第47条规定，公布这一"信息"。然后，李某某从北海市回到株洲县。同月5日，李某某见报社没有登报公布，即于当日下午5时许，采用内部传真形式，在株洲县邮电局8641传真机上分别向海南省《特区证券报》编辑部、《深圳特区报》编辑部等单位发出传真稿件，谎称至11月5日下午3时30分止，"广西北海正大置业有限公司"共收购"苏三山"公司股票250.33万股，占"苏三山"公司流通股的5.006%，要求报社公布此事。当日晚6时许，李某某又分别打电话给《深圳特区报》编辑部和海南省《特区证券报》编辑部，询问函件与传真是否收到，并询问是否登报公布。

同年11月6日，海南省《特区证券报》原文刊登了李某某提供的假信息并加了"编者按"。11月7日是交易所的休息日。

同年11月8日，即李某某编造并传播的假信息见诸报端后的第一个股票交易日，"苏三山"公司股票的成交价即由开盘时的每股8.30元涨至每股11.50元，到当日收盘时仍达到每股11.40元，"苏三山"公司股票成交股数高达2105.8万股，占该公司流通股份的42.12%，其单股成交金额高达2.2亿元，破深圳个股交易纪录。李某某于当日打电话给湖南省证券股份有限公司深圳业务部大户室经理舒某某，询问"苏三山"公司股票价格变动情况。当得知已涨至每股11.40元时，李某某即委托舒某某代为抛售"苏三山"公司股票9500股，得款108300元。即日下午，深圳交易所及时召开新闻发布会，向社会说明该所和深圳证券登记公司均没有"广西北海正大置业有限公司"开户及其交易记录，也未发现拥有"苏三山"公司5%以上流通股份的股东，且在北海市工商行政管理部门登记过的公司或企业中未见有"广西北海正大置业有限公司"，并告诫股民，所谓"收购事件"不排除有人实施欺诈行为的可能，请投资者慎重决策。

同年11月9日，"苏三山"公司股票价格跳空跌至每股8.60元，后又稳定在每股9.45元。李某某得知这一情况，当即又委托舒某某以每股9.45元的价格将所剩14.05万股全部抛售出去，得款1327725元。由于李某某的所为，造成了1993年11月8日和9日深圳股市中"苏三山"股票价格异常波动，严重损害了广大股民的利益，扰乱了证券交易市场的正常管理秩序。

案发后，李某某投案自首。

湖南省株洲县人民检察院以被告人李某某犯编造并传播证券交易虚假信息罪向株洲县人民法院提起公诉。被告人李某某对起诉指控的事实供认不讳。李某某及其辩护人辩称，被告人只是编造虚假信息，传播是海南省《特区证券报》所为，故被告人的行为尚不构成犯罪。其辩护人还辩称，被告人的行为发生在1993年，当时的《刑法》并未规定此种犯罪，依照现行《刑法》第12条的规定，现在亦不能以犯罪论处。

| 裁判结果 |

株洲县人民法院依照《刑法》第181条第1款、第67条第1款、第12条第1款的规定，于1997年12月26日作出判决：被告人李某某犯编造并传播证券交易虚假信息罪，判处有期徒刑2年零6个月，并处罚金1万元。

宣判后，被告人李某某服判，没有上诉。

| 裁判理由 |

株洲县人民法院经公开审理后认为，被告人李某某为一己私利编造并且传播影响证券交易的虚假信息，扰乱证券交易市场，且后果严重，其行为已构成编造并传播证券交易虚假信息罪。被告人及其辩护人辩称不构成犯罪的理由不能成立，不予采纳。被告人李某某在案发后能投案自首，应从轻处罚。

（二）律师评析

1. 关于本罪构成之编造者和传播者是否必须为同一主体的争议

在本案中，辩护律师的辩护意见认为被告人只是编造虚假信息，而传播主体是海南省《特区证券报》，即编造者和传播者并非同一主体，被告人的行为尚不构成犯罪。

对于编造者和传播者是否必须为同一主体才构成本罪还存在一定争议。有学者认为，根据现行刑法的规定，行为人必须既是虚假信息的编造者又是该信息的传播者，才能构成本罪。此时，编造并传播等同于造谣和传谣行为。如果仅仅实施了编造虚假信息的行为；或仅仅实施了传播虚假信息的行为；或者行为人虽然既是虚假信息的编造者，又是虚假信息的传播者，但其编造的虚假信息与其传播的虚假信息不是同一信息，均不能构成本罪。但司法实践中也不乏不同意见，亦存在编造者与传播者不一致的案例，本案正是其中的代表案例。尽管从表面看被告人李某某不是传播者，但其编造虚假信息，并向特定主体主动邮寄虚假信息以促使虚假信息传播扩散，由媒体进行传播是被告人利用他人实施的传播行为方式，这种行为方式在刑法上属于间接行为，利用他人实施犯罪仍然构成犯罪，即刑法理论上的间接正犯。因此，类似案件应当以犯罪论处。

2. 关于本罪行为对象的认定

本案中，被告人的行为造成了1993年11月8日和9日深圳股市中"苏三山"股票价格大幅波动异常，直接影响证券成交量，严重损害股民利益。尽管影响证券交易的虚假信息与影响证券交易价格的虚假信息存在密切的联系，但两者实际并不完全等同。

司法审判实践中，有些虚假信息可以直接影响证券成交量或者引起人们的恐慌，造成证券市场混乱，但却没有直接影响证券交易价格，针对这种情况又该如何处理和认定呢？需要特别注意的是，本罪的犯罪对象是影响证券交易的虚假信息，并非影响证券交易价格的虚假信息。故而衡量、判断行为人编造并传播的虚假信息，关键要看市场对该信息反应的强烈程度、该信息对投资者作出投资决策的影响程度，以及该信息对证券、期货交易产生实质性影响的综合情况，股价是否产生异常波动并非认定的唯一因素。[8]

（三）相关法条及司法解释

《中华人民共和国刑法》

第十二条 中华人民共和国成立以后本法施行以前的行为，如果当时的法

---

[8] 参见乔远主编：《金融警戒线：证券刑事法律实务探析》，法律出版社2018年版，第202—206页。

律不认为是犯罪的，适用当时的法律；如果当时的法律认为是犯罪的，依照本法总则第四章第八节的规定应当追诉的，按照当时的法律追究刑事责任，但是如果本法不认为是犯罪或者处刑较轻的，适用本法。

本法施行以前，依照当时的法律已经作出的生效判决，继续有效。

第六十七条 犯罪以后自动投案，如实供述自己的罪行的，是自首。对于自首的犯罪分子，可以从轻或者减轻处罚。其中，犯罪较轻的，可以免除处罚。

被采取强制措施的犯罪嫌疑人、被告人和正在服刑的罪犯，如实供述司法机关还未掌握的本人其他罪行的，以自首论。

犯罪嫌疑人虽不具有前两款规定的自首情节，但是如实供述自己罪行的，可以从轻处罚；因其如实供述自己罪行，避免特别严重后果发生的，可以减轻处罚。

第一百八十一条 编造并且传播影响证券、期货交易的虚假信息，扰乱证券、期货交易市场，造成严重后果的，处五年以下有期徒刑或者拘役，并处或者单处一万元以上十万元以下罚金。

证券交易所、期货交易所、证券公司、期货经纪公司的从业人员，证券业协会、期货业协会或者证券期货监督管理部门的工作人员，故意提供虚假信息或者伪造、变造、销毁交易记录，诱骗投资者买卖证券、期货合约，造成严重后果的，处五年以下有期徒刑或者拘役，并处或者单处一万元以上十万元以下罚金；情节特别恶劣的，处五年以上十年以下有期徒刑，并处二万元以上二十万元以下罚金。

单位犯前两款罪的，对单位判处罚金，并对其直接负责的主管人员和其他直接责任人员，处五年以下有期徒刑或者拘役。

《最高人民检察院 公安部关于公安机关管辖的刑事案件立案追诉标准的规定（二）》（2022 年修订）

第三十二条 ［编造并传播证券、期货交易虚假信息案（刑法第一百八十一条第一款）］编造并且传播影响证券、期货交易的虚假信息，扰乱证券、期货交易市场，涉嫌下列情形之一的，应予立案追诉：

（一）获利或者避免损失数额在五万元以上的；

（二）造成投资者直接经济损失数额在五十万元以上的；

（三）虽未达到上述数额标准，但多次编造并且传播影响证券、期货交易的虚假信息的；

（四）致使交易价格或者交易量异常波动的；

（五）造成其他严重后果的。

第十章　欺诈发行证券

一、欺诈发行证券罪概述

随着我国资本市场快速发展，证券违法犯罪呈现出多样性、复杂性的特点，严重危害正常的经济市场秩序。欺诈发行被认为是资本市场的"造假之始"和"万恶之源"。欺诈发行严重侵蚀证券市场的运行基础，不但违背了证券市场信息披露的真实性、准确性、完整性要求，更是通过资本市场对广大普通投资者进行无耻掠夺。[1] 因此，证监会积极与公检法等机关通力协作，及时移送涉嫌犯罪案件与线索，形成了民事责任、行政责任以及刑事责任三位一体的追责体系，坚决查处资本市场违法行为。

（一）信息披露制度为现代证券市场的核心内容

信息披露制度构成了现代证券市场的核心内容，它贯穿于证券发行、流通的全过程。[2] 虽然对欺诈发行的经济性处罚金额已提高至千万幅度，但所有经济性的不利后果都有可能成为违法犯罪人可承受的成本，所以强有力的刑事制裁措施在证券市场的"追责体系"中仍具有不可或缺的作用，只有以剥夺自由为惩罚内容的刑罚才能遏制资本市场的贪婪逐利之恶。尤其在我国发行注册制改革将全面推行的背景下，更要以重刑威慑效能，重申资本市场监管红线，助

---

〔1〕 参见毛玲玲：《注册制背景下欺诈发行的罪与罚》，载《上海政法学院学报（法治论丛）》2020 年第 5 期，第 41 页。

〔2〕 参见赵威、孟翔：《证券信息披露标准比较研究：以"重大性"为主要视角》，中国政法大学出版社 2013 年版，第 15 页。

力形成不敢造假、不能造假的市场生态。[3]

我国《刑法修正案（十一）》将《刑法》第 160 条"欺诈发行证券罪"修改为："在招股说明书、认股书、公司、企业债券募集办法等发行文件中隐瞒重要事实或者编造重大虚假内容，发行股票或者公司、企业债券、存托凭证或者国务院依法认定的其他证券，数额巨大、后果严重或者有其他严重情节的，处五年以下有期徒刑或者拘役，并处或者单处罚金；数额特别巨大、后果特别严重或者有其他特别严重情节的，处五年以上有期徒刑，并处罚金。控股股东、实际控制人组织、指使实施前款行为的，处五年以下有期徒刑或者拘役，并处或者单处非法募集资金金额百分之二十以上一倍以下罚金；数额特别巨大、后果特别严重或者有其他特别严重情节的，处五年以上有期徒刑，并处非法募集资金金额百分之二十以上一倍以下罚金。单位犯前两款罪的，对单位判处非法募集资金金额百分之二十以上一倍以下罚金，并对其直接负责的主管人员和其他直接责任人员，依照第一款的规定处罚。"

（二）欺诈发行证券罪的构成要件

本罪的主体，是特殊主体，自然人或者单位均可构成本罪，《刑法修正案（十一）》特别突出了控股股东、实际控制人的犯罪主体。

本罪在主观方面，只能由故意构成，过失不构成本罪。即行为人明知自己所制作的债券募集办法不是对本公司状况或本次债券发行状况真实、准确、完整的反映，仍然积极实施。

本罪侵犯的客体，是国家对证券市场的管理制度以及投资者的合法权益。债券发行文件存在重大虚假、有误导性陈述或者隐瞒重要事实，必然破坏国家对债券发行市场的管理秩序，侵害投资者的合法权益。

本罪在客观方面，表现为在发行文件中隐瞒重要事实或者编造重大虚假内容，发行证券，数额巨大、后果严重或者有其他严重情节。具体表现为：行为人必须实施了在公司、企业债券募集办法中隐瞒重要事实或者编造重大虚假内容的行为，其中，重要事实或者重大内容是指可能对他人产生误导，从而作出错误决定的事实；行为人必须实施了发行公司、企业债券的行为，如果行为人仅制作了虚假的公司、企业债券募集办法而未实际发行，则不构成本

---

〔3〕 参见毛玲玲：《注册制背景下欺诈发行的罪与罚》，载《上海政法学院学报（法治论丛）》2020 年第 5 期，第 41 页。

罪；行为人制作虚假的公司、企业债券募集办法发行债券的行为，必须达到一定的严重程度，即达到数额巨大、后果严重或者有其他严重情节，才构成犯罪。

二、隐瞒重要事实或者编造重大虚假内容可认定为欺诈发行证券罪

在证券或者债券发行过程中，如果发行人隐瞒重要事实或者编造重大虚假内容造成严重后果的，有可能被追究刑事责任。"北极某科技有限公司、杨某甲欺诈发行股票、债券案"就是一个较为典型的案例。

（一）典型案例

☞ **北极某科技有限公司、杨某甲欺诈发行股票、债券案**[4]

【关键词】 发行文件造假　虚假认购　欺诈发行债券罪

| 基本案情|

被告单位北极某科技有限公司（以下简称"北极某公司"）于2009年12月注册成立，注册资本5000万元，后增资至11000万元。被告人杨某甲系北极某公司法定代表人、执行董事，负责公司全面工作。

2010年前后，被告人杨某甲代表北极某公司与北京工业大学某实验室开展合作，由北极某公司出资购买LED生产设备及支付实验室相关费用，该实验室帮助北极某公司组建生产线、培训技术骨干，并提供生产技术、芯片产品样品等。2012年，被告人杨某甲为解决融资问题决定发行私募债券，并由中山证券承销，拟向上海证券交易所申请非公开发行中小企业私募债券。其间，被告人杨某甲的亲属杨某1（另案处理）负责公关接待、协调联络、业务谈判、联系律师出具法律意见书等事务。

2013年3月，被告单位北极某公司在中山证券负责的《江苏北极某科技有限公司2013年中小企业私募债券募集说明书》中隐瞒公司尚未建成投产、尚无销售收入和利润等重大事项，提交虚假的审计报告、纳税证明等材料，骗取上

----

[4] 江苏省无锡市中级人民法院（2018）苏02刑初49号。

海证券交易所备案，备案金额为不超过 1 亿元，债券期限为 3 年，销售期限为 6 个月。2013 年 9 月，在投资者认购意向不足，该债券面临发行失败时，由杨某 1 及被告人杨某甲出面借款 6700 万元，分别以江苏某科技有限公司的名义虚假认购 700 万元、以深圳某投资发展有限公司的名义虚假认购 6000 万元，认购完成后随即归还出借人。最终实际募集到嘉某公司认购的 2700 万元资金。

2016 年 6 月，嘉某公司与中金某资产管理有限公司签订债权转让协议，约定中金某资产管理有限公司以 2635 万元的价格受让嘉某公司持有的前述面值为 2700 万元的债券，但仍由嘉某公司代持。2016 年 9 月，该债券到期后北极某公司未按约支付本息。

本案公诉机关认为：被告单位北极某公司在企业债券募集办法中隐瞒重要事实、编造重大虚假内容，发行企业债券，数额巨大，其行为触犯了《刑法》第 160 条的规定；被告人杨某甲作为公司的法定代表人及直接负责的主管人员，其行为触犯了《刑法》第 160 条、第 25 条的规定，均应当以欺诈发行债券罪追究刑事责任。提请法院依法判处。

被告单位北极某公司对指控的犯罪事实没有提出异议。

被告人杨某甲提出辩解意见：其系初犯、偶犯，具有坦白情节，请求从轻处罚。

被告人杨某甲的辩护人提出辩护意见：（1）北极某公司发行的是私募债券，系突破原有刑法框架的制度创新，量刑应当予以从轻；（2）杨某甲认罪态度好，如实供述犯罪事实，依法应当从轻处罚；（3）本案社会危害性小，建议对杨某甲适用缓刑。

| 裁判结果 |

江苏省无锡市中级人民法院作出了（2018）苏 02 刑初 49 号刑事判决书，判决：1. 被告单位北极某公司犯欺诈发行债券罪，判处罚金人民币 100 万元（罚金于本判决生效的第二日起 30 日内一次性缴纳）。2. 被告人杨某甲犯欺诈发行债券罪，判处有期徒刑 1 年零 3 个月（刑期自判决执行之日起计算。判决执行以前先行羁押的，羁押 1 日折抵刑期 1 日，即自 2018 年 2 月 28 日至 2019 年 5 月 27 日止）。3. 责令被告单位北极某公司向投资者退赔违法所得。

| 裁判理由 |

法院认为：被告单位北极某公司在公司债券募集办法中隐瞒重要事实、编造重大虚假内容，发行公司债券，数额巨大；被告人杨某甲作为被告单位北极某公司直接负责的主管人员，决定并实施上述犯罪行为，其行为均已构成欺诈

发行债券罪。被告人杨某甲到案后如实供述自己的罪行，系坦白，依法可予以从轻处罚。江苏省无锡市人民检察院指控被告单位北极某公司及被告人杨某甲犯欺诈发行债券罪的事实清楚、证据确实、充分，指控罪名成立，法院予以采纳。

关于被告人杨某甲及其辩护人提出"具有坦白情节"的辩解、辩护意见，经查，杨某甲到案后，如实供述了犯罪事实，认罪态度较好，依法可以从轻处罚。故该辩解、辩护意见成立，法院予以采纳。

关于辩护人提出"可以适用缓刑"的辩护意见，经查，被告单位北极某公司、被告人杨某甲突破法律底线，违背诚信原则，实施欺诈发行债券行为，造成投资人重大经济损失，依法应当予以严惩，不符合适用缓刑的条件。故该辩护意见不能成立，法院不予采纳。

关于辩护人提出"北极某公司发行的是私募债，系突破原有刑法框架的制度创新，量刑应当予以从轻"的辩护意见，经查，欺诈发行股票、债券罪属于《刑法》"妨害国家对公司、企业的管理秩序罪"范畴，对本罪中"公司、企业债券"的理解除应根据《刑法》的规定外还应根据《公司法》《证券法》等专门法律的规定。《公司法》规定，公司债券是指公司依照法定程序发行、约定在一定期限还本付息的有价证券。公司发行公司债券应当符合《证券法》的规定。《证券法》规定，公司证券可分为公开发行的证券和不公开发行的证券。私募债券虽然在发行方式、对投资者的要求、是否需经国家证券监管部门审核等方面与公开发行的公司、企业债券不同，但本质仍是公司、企业债券，应受《刑法》相关规定的调整。因此，《刑法》第160条中规定的"公司、企业债券"应当包含私募债券。故该辩护意见不能成立，法院不予采纳。

（二）律师评析

对于某些刑事案件难免存在一定的争议，越是有争议的案件越是有关注的必要。

1. 北极某公司发行私募债券的行为是否属于欺诈发行证券罪规制对象

公司债券按发行方式划分，可分为公募债券和私募债券。公募债券是按法定手续，经证券主管机构批准在市场上公开发行的债券，该债券应在依法设立的证券交易所上市交易或者在国务院批准的其他证券交易场所转让。发行私募债券是解决中小企业融资难的一种方式。私募债券是向与发行者有特定关系的少数投资者募集的债券，其发行和转让均有一定的局限性。私募债券的发行手续简单，一般不能在证券市场上交易。

私募债券的特点在于：（1）发行人应当以非公开方式发行，不得采用广告、公开劝诱和变相公开方式，每期私募债券的投资者合计不得超过200人。（2）发行采用备案制。发行人提交私募募集说明书等备案文件，并应当保证备案文件及信息披露内容真实、准确、完整，不得有虚假记载、误导性陈述或重大遗漏。（3）应当由证券公司承销。（4）投资者必须符合适格条件。私募债券与公募债券的区别主要在于是否公开发行、是否采用核准制，但其本质上仍然符合"依照法定程序发行、约定在一定期限还本付息"的公司债券的基本特征。

本案中，为解决融资问题，北极某公司向上海证券交易所申请非公开发行中小企业私募债券，并在发行私募债券的过程中隐瞒公司重大事实，编造重大虚假内容，骗取上海证券交易所备案，发行企业债券数额巨大，其行为触犯了《刑法》第160条的规定，应属于欺诈发行证券罪规制对象。

2. 关于发行数额的认定标准

欺诈发行债券犯罪的数额可以区分为备案数额、销售数额和结果数额三种类型。备案数额是指行为人预想通过欺诈发行行为所要达到的意向数额。销售数额是指行为人在骗取备案后，具体发行过程中募集到的债券数额。为提高发行效率，证券交易所一般要求在备案通过后6个月内，销售金额达到备案金额的70%以上才视为发行成功，否则要取消备案。行为人为达到销售比例，可能会有虚假认购行为，因此其销售数额不一定是投资人实际遭受损失的数额。结果数额是行为人实际募集的数额，是其欺诈发行债券的实际获利。

本案中，北极某公司在向上海证券交易所备案时，备案金额为不超过1亿元的债券，这是其备案数额。在实际发行过程中，以江苏某科技有限公司的名义虚假认购700万元、以深圳市某投资发展有限公司的名义虚假认购6000万元，共计虚假认购6700万元债券，以及投资人嘉某公司实际认购2700万元债券，总计9400万元为销售数额。投资人嘉某公司认购募集数额2700万元为结果数额。结果数额是行为人实际募集的数额，也是投资人实际遭受损失的数额，因此应当将结果数额作为欺诈发行债券罪的发行数额进行定罪量刑。

3. 我国《刑法》对欺诈发行股票、债券罪的罪名进行了调整

本案中，被告北极某公司及杨某甲的罪名是犯欺诈发行债券罪。我国

《刑法修正案（十一）》取消了欺诈发行股票、债券罪罪名，确立了欺诈发行证券罪。本次修改为欺诈发行证券罪主要围绕四个方面进行：

（1）增加了欺诈发行证券的种类，欺诈发行存托凭证及国务院依法认定的其他证券入罪。原条文仅明确欺诈发行股票、债券，数额巨大、后果严重或者有其他严重情节的，应当受到刑事处罚。实际上，除股票、债券外，证券市场近年来又出现了不少新的证券品种。2020 年实施的新《证券法》已明确存托凭证为证券。因此，《刑法修正案（十一）》也作了相应修改，将存托凭证以及国务院证券监督管理机构认定的其他证券均纳入了本罪的规制范围。

（2）扩大了可以作为定罪依据的文件范围。为了适应实践需要，《刑法修正案（十一）》新增"等发行文件"的表述。修改前本罪只规定了"招股说明书、认股书、募集办法"，仅为发行人向主管部门提交或者向投资者披露文件的一部分，难以覆盖发行过程中涉及的所有文件。修改后，相关主体在回复文件中的欺诈发行行为，也构成欺诈发行证券罪。

（3）大幅提高了欺诈发行证券罪的刑事处罚力度。法条修改后，自然人犯本罪最高刑期可达 15 年；单位犯本罪的，对直接负责的主管人员和其他直接责任人员的处罚，最高刑期也可达 15 年。对个人的罚金由非法募集资金的 1% 至 5% 修改为"并处罚金"，取消了 5% 的上限；对单位的罚金由非法募集资金的 1% 至 5% 修改为 20% 至 1 倍。刑事处罚力度的全面加大，体现了国家从严惩治资本市场违法犯罪的决心。

（4）扩大了刑事责任的主体范围，强化对控股股东、实际控制人等"关键少数"的刑事责任追究。原条文没有将控股股东、实际控制人直接作为欺诈发行罪的犯罪主体，以往主要按照共犯入罪。《刑法修正案（十一）》进一步明确了控股股东、实际控制人的责任，并规定了较为严格的刑罚，强化了对以上人员的监督和追责。2020 年，《刑法》的修正表明了国家打击证券期货犯罪的坚定决心，对于保护投资者合法权益、维护资本市场秩序具有长远的意义。

（三）相关法条及司法解释

《中华人民共和国刑法》

第三十条 公司、企业、事业单位、机关、团体实施的危害社会的行为，法律规定为单位犯罪的，应当负刑事责任。

第三十一条 单位犯罪的，对单位判处罚金，并对其直接负责的主管人员和其他直接责任人员判处刑罚。本法分则和其他法律另有规定的，依照规定。

第六十四条　犯罪分子违法所得的一切财物，应当予以追缴或者责令退赔；对被害人的合法财产，应当及时返还；违禁品和供犯罪所用的本人财物，应当予以没收。没收的财物和罚金，一律上缴国库，不得挪用和自行处理。

第一百六十条　在招股说明书、认股书、公司、企业债券募集办法等发行文件中隐瞒重要事实或者编造重大虚假内容，发行股票或者公司、企业债券、存托凭证或者国务院依法认定的其他证券，数额巨大、后果严重或者有其他严重情节的，处五年以下有期徒刑或者拘役，并处或者单处罚金；数额特别巨大、后果特别严重或者有其他特别严重情节的，处五年以上有期徒刑，并处罚金。

控股股东、实际控制人组织、指使实施前款行为的，处五年以下有期徒刑或者拘役，并处或者单处非法募集资金金额百分之二十以上一倍以下罚金；数额特别巨大、后果特别严重或者有其他特别严重情节的，处五年以上有期徒刑，并处非法募集资金金额百分之二十以上一倍以下罚金。

单位犯前两款罪的，对单位判处非法募集资金金额百分之二十以上一倍以下罚金，并对其直接负责的主管人员和其他直接责任人员，依照第一款的规定处罚。

《最高人民检察院 公安部关于公安机关管辖的刑事案件立案追诉标准的规定（二）》（2022 年修订）

第五条　［欺诈发行证券案（刑法第一百六十条）］在招股说明书、认股书、公司、企业债券募集办法等发行文件中隐瞒重要事实或者编造重大虚假内容，发行股票或者公司、企业债券、存托凭证或者国务院依法认定的其他证券，涉嫌下列情形之一的，应予立案追诉：

（一）非法募集资金金额在一千万元以上的；

（二）虚增或者虚减资产达到当期资产总额百分之三十以上的；

（三）虚增或者虚减营业收入达到当期营业收入总额百分之三十以上的；

（四）虚增或者虚减利润达到当期利润总额百分之二十以上的；

（五）隐瞒或者编造的重大诉讼、仲裁、担保、关联交易或者其他重大事项所涉及的数额或者连续十二个月的累计数额达到最近一期披露的净资产百分之五十以上的；

（六）造成投资者直接经济损失数额累计在一百万元以上的；

（七）为欺诈发行证券而伪造、变造国家机关公文、有效证明文件或者相关凭证、单据的；

（八）为欺诈发行证券向负有金融监督管理职责的单位或者人员行贿的；

（九）募集的资金全部或者主要用于违法犯罪活动的；

（十）其他后果严重或者有其他严重情节的情形。

三、欺诈发行证券行为及违规披露行为将承担刑事责任、民事责任、行政责任

欺诈发行证券行为及违规披露行为都是在证券市场上性质比较严重的行为，有可能对证券市场造成非常大的负面影响，而且这两种行为又往往涉及民事、行政和刑事三个法律领域的问题，因此相关法律规定了民事责任、行政责任和刑事责任。在有的案件中，行为人对于其行为所造成的民事责任、行政责任和刑事责任都需要承担。

（一）典型案例

☞ 欣泰某公司、温某乙等欺诈发行股票、违规披露重要信息案[5]

【关键词】欺诈发行股票数额巨大　违规披露重要信息　严重损害股东利益

| 基本案情 |

2011 年 3 月 30 日，被告单位欣泰某公司提出在创业板上市的申请因持续盈利能力不符合条件而被证监会驳回。

欣泰某公司的实际控制人即被告人温某乙与财务总监刘某胜为达到使欣泰某公司上市的目的，合谋组织单位工作人员通过外部借款、使用自有资金或伪造银行单据等方式，虚构 2011 年至 2013 年 6 月的收回应收款项情况，采用在报告期末（年末、半年末）冲减应收款项，下一会计期期初冲回的方式，虚构有关财务数据，并在向证监会报送的首次公开发行股票并在创业板上市申请文件和招股说明书及定期财务报告中载入重大虚假内容。

2014 年 1 月 3 日，证监会核准欣泰某公司在创业板上市。随后欣泰某公司在《首次公开发行股票并在创业板上市招股说明书》中亦载入了具有重大虚假内容的财务报告。2014 年 1 月 27 日，欣泰某公司股票在深圳证券交易所创业板

------

[5] 辽宁省丹东市中级人民法院（2017）辽 06 刑初 11 号。

挂牌上市，首次以每股发行价 16.31 元的价格向社会公众公开发行 1577.8 万股，共募集资金约 2.57 亿元。

被告单位欣泰某公司上市后，被告人温某乙、刘某胜继续沿用前述手段进行财务造假，分别于 2014 年 4 月 15 日、2014 年 8 月 15 日、2015 年 4 月 25 日向公众披露了具有重大虚假内容的 2013 年年度报告、2014 年半年度报告、2014 年年度报告等重要信息。

中国证监会对欣泰某公司的欺诈发行和违规披露重要信息行为进行调查后，于 2016 年 7 月 5 日作出行政处罚。深圳证券交易所决定对欣泰某公司股票终止上市并摘牌。欣泰某公司退市后，主承销商兴业证券股份有限公司设立先行赔付专项基金，涉案投资人的损失得到相应赔偿。同时，欣泰某公司因本案被证监会责令整改，给予警告，并处以人民币 832 万元罚款；欣泰某公司董事长温某乙，因本案被证监会给予警告，并处以人民币 892 万元罚款；欣泰某公司财务总监刘某胜，因本案被证监会给予警告，并处以人民币 60 万元罚款。

辽宁省丹东市公安局以欣泰某公司、温某乙、刘某胜涉嫌欺诈发行股票罪向丹东市人民检察院移送起诉。检察机关审查发现，欣泰某公司上市公开发行股票之后，在向社会公开披露的三份财务报告中仍包含虚假财务信息，涉嫌违规披露重要信息犯罪，遂将该案退回公安机关，要求公安机关对温某乙、刘某胜在欣泰某公司上市后的违规披露重要信息犯罪进行补充侦查。公安机关补充侦查后，以欣泰某公司、温某乙、刘某胜涉嫌欺诈发行股票罪，违规披露、不披露重要信息罪再次移送起诉。

检察机关审查认为：欣泰某公司为达到上市发行股票的目的，采取伪造财务数据等手段，在招股说明书中编造重大财务虚假内容并发行股票；作为信息披露义务主体，多次向股东和社会公众提供虚假和隐瞒重要事实的财务报告，严重损害股东利益。温某乙、刘某胜为直接负责的主管人员。2017 年 4 月 20 日，辽宁省丹东市人民检察院以欣泰某公司、温某乙、刘某胜涉嫌欺诈发行股票罪，违规披露、不披露重要信息罪提起公诉。

| 裁判结果 |

2019 年 4 月 23 日，丹东市中级人民法院作出一审判决：1. 以欺诈发行股票罪，判处被告单位丹东欣泰某公司罚金人民币 832 万元（已缴纳）；2. 以欺诈发行股票罪，违规披露、不披露重要信息罪对被告人温某乙、刘某胜数罪并罚，以欺诈发行股票罪、违规披露重要信息罪判处被告人温德乙有期徒刑 3 年，并处罚金人民币 10 万元（已缴纳）；3. 以欺诈发行股票罪、违规披露重要信息判处被告人刘某胜有期徒刑 2 年，并处罚金人民币 8 万元（已缴纳）。

被告单位欣泰某公司和被告人温某乙、刘某胜均未上诉，丹东市人民检察院亦未提起抗诉，判决已生效。

| **裁判理由**

法院生效裁判认为：被告单位欣泰某公司、被告人温某乙、刘某胜的行为均构成欺诈发行股票罪；被告人温某乙、刘某胜的行为还构成违规披露重要信息罪，依法应当数罪并罚。温某乙到案后如实供述自己的罪行，刘某胜具有自首情节，依法可以从轻处罚。

（二）律师评析

本案是较为典型的上市公司在申请上市前后连续财务造假而受到终止上市并摘牌的行政处罚及刑事处罚的案件。

1. 依法从严整治发行证券过程中的欺诈行为及违规披露行为

发行证券过程中的欺诈行为严重破坏证券市场的诚信基础，损害投资者利益，不利于资本市场的长期健康发展。对本案以民事、行政、刑事多维打击相结合的严肃处理，对当前资本市场造假、欺诈等违法犯罪行为具有十分重要的警示作用。

2019 年修改的《证券法》及 2020 年的《刑法修正案（十一）》对欺诈发行股票、债券罪和违规披露、不披露重要信息罪的刑法条文进行了修改，明确了对这两类犯罪的打击力度。对于不同阶段涉嫌财务造假、信息违规披露的行为，《刑法》规定了不同的罪名及对应的刑罚，办案机关应根据《刑法》规定对不同阶段的犯罪行为分别适用不同罪名，数罪并罚，为资本市场的健康发展提供有力保障。

2. 欺诈发行证券行为及违规披露行为将面临民事、行政、刑事三位一体的追责

本案中，欣泰某公司为达到在创业板上市的目的，通过虚减应收账款、少计提坏账准备等手段，虚构有关财务数据，在创业板上市申请文件和招股说明书中记载重大虚假内容，欺骗证监会核准发行股票。而且在公司上市后继续伪造财务数据，向公众发布虚假和隐瞒事实的年度报告，给投资人造成重大损失。上述财务造假、欺诈、信息违规披露的行为，同时违反行政监管法律规范和刑

法规范，触发了行政处罚程序和刑事追诉程序。

在这个过程中，证券监督管理部门和司法机关各自发挥职能作用。证券监督管理部门作出行政处罚后，认为相关人员涉嫌犯罪的，应及时移送公安机关立案侦查，有效防止以罚代刑，已作出的行政处罚决定不影响司法机关追究刑事责任。

继 2019 年新《证券法》落地之后通过的《刑法修正案（十一）》在证券类犯罪方面加大了刑事处罚力度，加强了行政执法与刑事司法之间的有效衔接，形成了民事责任、行政责任以及刑事责任三位一体的追责体系。这意味国家针对资本市场不断加强监管，正在引导资本市场全面进入合规化时代。

（三）相关法条及司法解释

《中华人民共和国刑法》

第一百六十条 在招股说明书、认股书、公司、企业债券募集办法等发行文件中隐瞒重要事实或者编造重大虚假内容，发行股票或者公司、企业债券、存托凭证或者国务院依法认定的其他证券，数额巨大、后果严重或者有其他严重情节的，处五年以下有期徒刑或者拘役，并处或者单处罚金；数额特别巨大、后果特别严重或者有其他特别严重情节的，处五年以上有期徒刑，并处罚金。

控股股东、实际控制人组织、指使实施前款行为的，处五年以下有期徒刑或者拘役，并处或者单处非法募集资金金额百分之二十以上一倍以下罚金；数额特别巨大、后果特别严重或者有其他特别严重情节的，处五年以上有期徒刑，并处非法募集资金金额百分之二十以上一倍以下罚金。

单位犯前两款罪的，对单位判处非法募集资金金额百分之二十以上一倍以下罚金，并对其直接负责的主管人员和其他直接责任人员，依照第一款的规定处罚。

《中华人民共和国证券法》（2019 年修订）

第五条 证券的发行、交易活动，必须遵守法律、行政法规；禁止欺诈、内幕交易和操纵证券市场的行为。

第八十八条 证券公司向投资者销售证券、提供服务时，应当按照规定充分了解投资者的基本情况、财产状况、金融资产状况、投资知识和经验、专业能力等相关信息；如实说明证券、服务的重要内容，充分揭示投资风险；销售、提供与投资者上述状况相匹配的证券、服务。

投资者在购买证券或者接受服务时，应当按照证券公司明示的要求提供前款所列真实信息。拒绝提供或者未按照要求提供信息的，证券公司应当告知其后果，并按照规定拒绝向其销售证券、提供服务。

证券公司违反第一款规定导致投资者损失的，应当承担相应的赔偿责任。

第九十三条 发行人因欺诈发行、虚假陈述或者其他重大违法行为给投资者造成损失的，发行人的控股股东、实际控制人、相关的证券公司可以委托投资者保护机构，就赔偿事宜与受到损失的投资者达成协议，予以先行赔付。先行赔付后，可以依法向发行人以及其他连带责任人追偿。

第十一章　违规披露、不披露重要信息

一、违规披露、不披露重要信息罪概述

我国相关法律制度的建立和完善，在规范上市公司及其他信息披露义务人的信息披露行为、保护投资者合法权益等方面发挥了重要作用。近年来，随着监管执法部门对违规信息披露行为打击力度的不断加大，违规信息披露案件数量呈逐年上升趋势。此外，证券市场上还不时暴出与信息披露违法相关的欺诈发行、中介机构违法等案件。与之相对应，违规信息披露涉案金额、给投资者造成的损失、对市场信心和市场秩序造成的冲击也越来越大。[1]

（一）信息披露制度是证券领域的基本制度

信息披露制度也称公示制度、公开披露制度，上市公司必须依照法律规定将公司的财务、经营状况、重大事项变化等向证券管理部门和证券交易所等报告，并向社会公开或发布公告。这既包括证券发行前的披露，也包括上市后的持续信息公开。[2]

《刑法修正案（十一）》已于 2021 年 3 月 1 日起施行。该修正案将 2017 年《刑法》第 161 条"违规披露、不披露重要信息罪"修改为："依法负有信息披露义务的公司、企业向股东和社会公众提供虚假的或者隐瞒重要事实的财务会计报告，或者对依法应当披露的其他重要信息不按照规定披露，严重损害股东

---

〔1〕　参见田宏杰：《行刑共治下的违规披露、不披露重要信息罪：立法变迁与司法适用》，载《中国刑事法杂志》2021 年第 2 期，第 64 页。

〔2〕　参见李静、李杰：《我国上市公司信息披露问题研究》，载《管理学刊》2011 年第 2 期，第 55 页。

或者其他人利益，或者有其他严重情节的，对其直接负责的主管人员和其他直接责任人员，处五年以下有期徒刑或者拘役，并处或者单处罚金；情节特别严重的，处五年以上十年以下有期徒刑，并处罚金。前款规定的公司、企业的控股股东、实际控制人实施或者组织、指使实施前款行为的，或者隐瞒相关事项导致前款规定的情形发生的，依照前款的规定处罚。犯前款罪的控股股东、实际控制人是单位的，对单位判处罚金，并对其直接负责的主管人员和其他直接责任人员，依照第一款的规定处罚。"这一修改是有重大变化之处的，对于处理类似案件提供了规则。

（二）违规披露、不披露重要信息罪的构成要件

本罪的主体，是特殊主体，即依法负有信息披露义务的公司、企业。需要注意的是，本罪虽为单位犯罪，但处罚的是直接负责的主管人员和其他直接责任人员。

本罪在主观方面，只能由故意构成，过失不构成本罪。即行为人明知提供虚假的或者隐瞒重要事实的财务会计报告，或者是依法应当披露的其他重要信息而不按照规定披露，会损害到股东或其他人的利益却故意为之。

本罪侵犯的客体，是国家对公司、企业的信息公开披露制度和股东、社会公众和其他利害关系人的合法权益。公司的财务会计制度、信息披露制度不健全，将无法保障公司正常运转，股东或其他人的合法权益势必受到侵害。对于上市公司来说，由于涉及众多投资者利益，信息披露更为重要。

本罪在客观方面，表现为公司向股东和社会公众提供虚假的或者隐瞒重要事实的财务会计报告，或者对依法应当披露的其他重要信息不按规定披露，严重损害股东或者其他人利益的行为。行为人的行为必须严重损害股东或其他人利益，或者有其他严重情节，才构成犯罪。

二、财务造假和信息披露违法行为同时违反行政监管规范和刑法规范

财务造假和信息披露违法行为同时违反行政监管规范和刑法规范，不仅需要承担行政责任，也可能会承担刑事责任。

（一）典型案例

👉 韩某某、陶某违规披露、不披露重要信息案[3]

【关键词】信息披露义务　虚假信息披露行为　违规披露、不披露重要信息罪

| 基本案情 |

华锐风电科技（集团）股份有限公司（以下简称"华锐风电公司"）是在上海证券交易所上市交易的公司，依法负有信息披露义务。被告人韩某某在担任华锐风电公司董事长、总裁期间，于2011年指派时任华锐风电公司副总裁兼财务总监的被告人陶某等公司高级管理人员，通过组织公司财务部、市场部、客户服务中心、生产管理部等部门虚报数据等方式虚增华锐风电公司2011年的收入及利润，合计虚增利润2.58亿余元，占华锐风电公司2011年年度报告披露的利润总额的34.99%。

北京市第一中级人民法院经开庭审理，作出（2016）京01刑初135号刑事判决书，判决：被告人韩某某犯违规披露重要信息罪，判处有期徒刑11个月，并处罚金人民币10万元；被告人陶某犯违规披露重要信息罪，判处拘役4个月，缓刑6个月，并处罚金人民币5万元。

宣判后，韩某某提起上诉，理由为：韩某某并未指使下属故意伪造吊装单虚增利润，且系自首，本案犯罪情节轻微，请求二审法院对其定罪免刑。陶某亦提出上诉，理由为：其对数据造假一事并非明知，仅是怀疑；其系从犯、自首，事后在积极处理公司面临的债务危机时有良好表现，一审量刑过重，请求二审法院对其定罪免刑。

| 裁判结果 |

北京市高级人民法院（2017）京刑终88号刑事判决书判决：

一、维持北京市第一中级人民法院（2016）京01刑初135号刑事判决的第一项，即被告人韩某某犯违规披露重要信息罪，判处有期徒刑11个月，并处罚金人民币10万元。

二、撤销北京市第一中级人民法院（2016）京01刑初135号刑事判决的第

----

[3] 北京市高级人民法院（2017）京刑终88号。

二项，即被告人陶某犯违规披露重要信息罪，判处拘役 4 个月，缓刑 6 个月，并处罚金人民币 5 万元。

三、上诉人陶某犯违规披露重要信息罪，免予刑事处罚。

| 裁判理由 |

一审法院认为：华锐风电公司作为依法负有信息披露义务的公司，向股东和社会公众提供虚假的财务会计报告，严重损害股东或者其他人利益；被告人韩某某、陶某分别作为华锐风电公司直接负责的主管人员和其他直接责任人员，其行为均已构成违规披露重要信息罪，依法应予惩处。鉴于韩某某、陶某犯罪的情节轻微及本案犯罪事实系华锐风电公司自查发现并主动上报监管机关，韩某某、陶某已缴纳中国证券监督管理委员会行政处罚决定书因虚假信息披露行为对其二人所处的罚款，陶某具有从犯、自首情节，依法可对韩某某、陶某从轻处罚。

二审法院生效裁判认为：华锐风电公司作为依法负有信息披露义务的上市公司，向股东和社会公众提供虚假的财务会计报告，严重损害股东或者其他人利益；原审被告人韩某某、陶某分别作为公司直接负责的主管人员和其他直接责任人员，其行为均已构成违规披露重要信息罪，依法应予惩处。

关于陶某、韩某某及各自辩护人所提二人对数据造假一事并非明知、未指使他人造假的辩解及辩护意见，经查，在案证据证明，韩某某在陶某和苏某向其反映执行公司下发的主合同产品销售确认管理暂行办法导致的数据虚假问题后，仍要求陶某和苏某在财务部执行该暂行办法，并指示公司副总裁于某军、刘某奇、汪某等让其各自分管的客户服务中心、市场部、生产管理部配合财务部，通过由市场部继续向财务部提供不真实的吊装数据、客户服务中心伪造吊装单、生产管理部将未实际采购的原材料或产品录入计算机系统虚构成本等方式协助财务部完成虚增收入和利润。在在案证据足以证明韩某某组织公司财务部等部门进行了数据造假，而陶某已明知数据存在虚假的情况下，仍按照韩某某的指派，指示财务部按照虚假的数据确认收入，并最终导致华锐风电公司向股东和社会公众披露的 2011 年年度财务会计报告存在虚假。故上述辩解和辩护意见不能成立，法院不予支持。

关于韩某某、陶某及各自辩护人所提虚增利润所对应的项目绝大部分都真实存在并已履行完毕，提前确认销售收入只是违反了华锐风电公司公告中高于会计准则标准的辩解及辩护意见，经查，在案的华锐风电公司首次公开发行的 A 股股票招股说明书、2011 年年度报告等书证及韩某某的供述、公司原财务总监魏某强的证言证明，华锐风电公司向社会公众披露的公司确认收入的财务标准为风机完成吊装，并取得双方认可。尽管该标准高于企业会计准则，但该标准经华锐风电公司向社会公众公示，作为公司确认收入的标准后，华锐风电公司向股东和社会公众披露的利润均应按该标准执行。而在案的司法会计鉴定意见书证明，根据华锐风电公司向股东和社会公众公示的标准，华锐风电公司2011年虚增的利润占当年披露利润总额的34.99%，已符合刑事立案追诉的标准。故上述辩解和辩护意见不能成立，法院不予支持。

关于韩某某及其辩护人所提韩某某系自首的辩解及辩护意见，经查，韩某某虽系侦查机关电话通知到案，但其到案后未能如实供述，其行为不构成自首。故法院对上述辩解和辩护意见不予采纳。

鉴于本案犯罪事实系华锐风电公司自查发现并主动上报监管机关，韩某某、陶某已缴纳中国证券监督管理委员会行政处罚决定书因虚假信息披露行为对其二人所处的罚款，陶某具有从犯、自首的法定情节，尤其是陶某在华锐风电公司被证监会调查后，配合监管部门的风险处置工作，确实起到了稳定公司经营秩序、协调解决债务纠纷的作用，得到了证监会北京监管局的认可，依据刑法关于自首、从犯的规定与罪责刑相适应的原则，可以认为陶某的犯罪情节轻微不需要判处刑罚，故法院对陶某依法免了刑事处罚。上诉人陶某及其辩护人的相关合理辩护意见，法院予以采纳。

综上，一审法院根据韩某某、陶某犯罪的事实、性质、情节和对社会的危害程度所作的判决，事实清楚，证据确实、充分，定罪准确，审判程序合法，唯在确定陶某的从宽量刑幅度时，未对本案中的具体量刑情节予以充分体现导致量刑不当，应予纠正。

（二）律师评析

在证券领域，刑事处罚是对公司经济利益、高层管理人员及市场声誉最严重的打击，形成震慑力，从而警示后来的人不要再犯。在刑事司法机制和行政执法机制衔接日益完善的情况下，此类案件发现和处理的效率变得更高了。

1. 违规披露、不披露重要信息罪的立案追诉标准是明确的

我国《刑法》第161条规定了违规披露、不披露重要信息罪，且《最高人民检察院 公安部关于公安机关管辖的刑事案件立案追诉标准的规定（二）》第6

条规定了本罪应当立案追诉的情形。违规披露、不披露重要信息案涉嫌下列情形之一的，即可被立案追诉：（1）造成股东、债权人或者其他人直接经济损失数额累计在 100 万元以上的；（2）虚增或者虚减资产达到当期披露的资产总额 30% 以上的；（3）虚增或者虚减营业收入达到当期披露的营业收入总额 30% 以上的；（4）虚增或者虚减利润达到当期披露的利润总额 30% 以上的；（5）未按照规定披露的重大诉讼、仲裁、担保、关联交易或者其他重大事项所涉及的数额或者连续 12 个月的累计数额达到最近一期披露的净资产 50% 以上的；（6）致使不符合发行条件的公司、企业骗取发行核准或者注册并且上市交易的；（7）致使公司、企业发行的股票或者公司、企业债券、存托凭证或者国务院依法认定的其他证券被终止上市交易的；（8）在公司财务会计报告中将亏损披露为盈利，或者将盈利披露为亏损的；（9）多次提供虚假的或者隐瞒重要事实的财务会计报告，或者多次对依法应当披露的其他重要信息不按照规定披露的；（10）其他严重损害股东、债权人或者其他人利益，或者有其他严重情节的情形。

根据上述立案追诉的规定，相关行为符合上述任一情形的，都应当构成本罪予以追诉。可以说，该规定对上市公司信息披露违规行为情节、手段及结果，划定入刑标准时考虑比较周全，门槛不算太高，所以上市公司实施的符合本罪客观行为要件的违规披露、不披露重要信息行为的刑事风险是比较大的。

2. 行政执法与刑事司法之间的衔接机制越来越健全

2020 年 3 月 1 日起实施的新《证券法》，对信息披露作出专章规定，证监会对《上市公司信息披露管理办法》也进行了相应的修订。修订后的《上市公司信息披露管理办法》对信息披露作了专章规定，突出强调了信息披露的重要作用，此次修订的主要内容包括五个方面：

一是完善信息披露的基本要求。新增简明清晰、通俗易懂原则，保证公告真实、准确、完整，完善公平披露制度，同时明确自愿披露原则的相关要求，进一步鼓励自愿披露。

二是完善定期报告制度。明确定期报告包括年度报告和半年度报告，删除了季度报告。同时，有针对性地完善了上市公司董事、监事、高管异议声明制度，要求董事、监事无法保证定期报告内容的真实性、准确性、完整性或者有异议的，应当在董事会或者监事会审议、审核定期报告时投反对票或者弃权票。

三是细化临时报告的要求。补充完善了重大事件的情形，同时完善了上市公司重大事项披露时点，明确董事、监事或者高级管理人员知悉该重大事件发生时，上市公司即触发披露义务。

四是完善信息披露事务管理制度。增加了上市公司应当建立内幕信息知情人登记管理制度的要求，强化中介机构职责，新增证券服务机构保存工作底稿及配合证监会监督管理的义务，新增上市公司应当制定董事、监事、高管对外发布信息的行为规范要求。

五是进一步提升监管执法效能。完善监督管理措施类型，如采取责令改正、监管谈话、出具警示函等。针对滥用异议声明制度专门明确了法律责任，提升监管执法效能。

本案中，华锐风电公司自查发现并主动上报监管机关、韩某某及陶某缴纳行政处罚决定书对其二人所处的罚款、陶某配合监管部门的风险处置工作等行为，确实起到了稳定公司经营秩序、协调解决债务纠纷的作用，得到了相关证券监督管理部门的认可，法院也由于上述行为对被告人陶某采取了免于刑事处罚的裁判。证券监督管理部门和司法机关发挥各自职能作用，加强行政执法与刑事司法之间的有效衔接，惩治违法违规行为，维护了投资者的合法权益。

（三）相关法条及司法解释

《中华人民共和国刑法》

第三十七条　对于犯罪情节轻微不需要判处刑罚的，可以免予刑事处罚，但是可以根据案件的不同情况，予以训诫或者责令具结悔过、赔礼道歉、赔偿损失，或者由主管部门予以行政处罚或者行政处分。

第一百六十一条　依法负有信息披露义务的公司、企业向股东和社会公众提供虚假的或者隐瞒重要事实的财务会计报告，或者对依法应当披露的其他重要信息不按照规定披露，严重损害股东或者其他人利益，或者有其他严重情节的，对其直接负责的主管人员和其他直接责任人员，处五年以下有期徒刑或者拘役，并处或者单处罚金；情节特别严重的，处五年以上十年以下有期徒刑，并处罚金。

前款规定的公司、企业的控股股东、实际控制人实施或者组织、指使实施前款行为的，或者隐瞒相关事项导致前款规定的情形发生的，依照前款的规定处罚。

犯前款罪的控股股东、实际控制人是单位的，对单位判处罚金，并对其直接负责的主管人员和其他直接责任人员，依照第一款的规定处罚。

《中华人民共和国行政处罚法》（2021 年修订）

第二十七条　违法行为涉嫌犯罪的，行政机关应当及时将案件移送司法机关，依法追究刑事责任。对依法不需要追究刑事责任或者免予刑事处罚，但应当给予行政处罚的，司法机关应当及时将案件移送有关行政机关。

行政处罚实施机关与司法机关之间应当加强协调配合，建立健全案件移送制度，加强证据材料移交、接收衔接，完善案件处理信息通报机制。

《最高人民检察院 公安部关于公安机关管辖的刑事案件立案追诉标准的规定（二）》（2022 年修订）

第六条　［违规披露、不披露重要信息案（刑法第一百六十一条）］依法负有信息披露义务的公司、企业向股东和社会公众提供虚假的或者隐瞒重要事实的财务会计报告，或者对依法应当披露的其他重要信息不按照规定披露，涉嫌下列情形之一的，应予立案追诉：

（一）造成股东、债权人或者其他人直接经济损失数额累计在一百万元以上的；

（二）虚增或者虚减资产达到当期披露的资产总额百分之三十以上的；

（三）虚增或者虚减营业收入达到当期披露的营业收入总额百分之三十以上的；

（四）虚增或者虚减利润达到当期披露的利润总额百分之三十以上的；

（五）未按照规定披露的重大诉讼、仲裁、担保、关联交易或者其他重大事项所涉及的数额或者连续十二个月的累计数额达到最近一期披露的净资产百分之五十以上的；

（六）致使不符合发行条件的公司、企业骗取发行核准或者注册并且上市交易的；

（七）致使公司、企业发行的股票或者公司、企业债券、存托凭证或者国务院依法认定的其他证券被终止上市交易的；

（八）在公司财务会计报告中将亏损披露为盈利，或者将盈利披露为亏损的；

（九）多次提供虚假的或者隐瞒重要事实的财务会计报告，或者多次对依法应当披露的其他重要信息不按照规定披露的；

（十）其他严重损害股东、债权人或者其他人利益，或者有其他严重情节的情形。

三、违规披露、不披露重要信息罪不存在单位犯罪

对于一些行为，《刑法》并未规定单位犯罪，仅规定了自然人可为犯罪主体，在已经构成犯罪的情况下，单独对自然人进行刑事处罚。

(一) 典型案例

☞ **博元投资股份有限公司、余某某等人违规披露、不披露重要信息案**[4]

【关键词】违规披露、不披露重要信息

│ **基本案情** │

广东省珠海市博元投资股份有限公司（以下简称"博元公司"）原系上海证券交易所上市公司，股票名称：ST 博元，股票代码：600656。华信泰投资有限公司（以下简称华"信泰公司"）为博元公司控股股东。在博元公司并购重组过程中，有关人员作出了业绩承诺，在业绩不达标时需向博元公司支付股改业绩承诺款。2011 年 4 月，余某某、陈某、伍某某、张某某、罗某某等人采取循环转账等方式虚构华信泰公司已代全体股改义务人支付股改业绩承诺款 3.84 亿余元的事实，在博元公司临时报告、半年报中进行披露。

为掩盖以上虚假事实，余某某、伍某某、张某某、罗某某采取将 1000 万元资金循环转账等方式，虚构用股改业绩承诺款购买 37 张面额共计 3.47 亿元银行承兑汇票的事实，在博元公司 2011 年的年报中进行披露。

2012 年至 2014 年，余某某、张某某多次虚构银行承兑汇票贴现等交易事实，并根据虚假的交易事实进行记账，制作虚假的财务报表，虚增资产或者虚构利润均达到当期披露的资产总额或利润总额的 30% 以上，且在博元公司当年半年报、年报中披露。此外，博元公司还违规不披露博元公司实际控制人及其关联公司等信息。

2015 年 12 月 9 日，珠海市公安局以余某某等人涉嫌违规披露、不披露重要信息罪，伪造金融票证罪向珠海市人民检察院移送起诉；2016 年 2 月 22 日，珠

---

〔4〕 最高人民检察院第十七批指导性案例：博元投资股份有限公司、余某某等人违规披露、不披露重要信息案（检例第 66 号）。

海市公安局又以博元公司涉嫌违规披露、不披露重要信息罪，伪造、变造金融票证罪移送起诉。随后，珠海市人民检察院指定珠海市香洲区人民检察院审查起诉。

检察机关审查认为，犯罪嫌疑单位博元公司依法负有信息披露义务，在2011年至2014年期间向股东和社会公众提供虚假的或者隐瞒主要事实的财务会计报告，对依法应当披露的其他重要信息不按照规定披露，严重损害股东以及其他人员的利益，情节严重。余某某、陈某作为博元公司直接负责的主管人员，伍某某、张某某、罗某某作为其他直接责任人员，已构成违规披露、不披露重要信息罪，应当提起公诉。根据《刑法》第161条规定，不追究单位的刑事责任，对博元公司应当依法不予起诉。

2016年7月18日，珠海市香洲区人民检察院对博元公司作出不起诉决定。检察机关同时认为，虽然依照《刑法》规定不能追究博元公司的刑事责任，但对博元公司需要给予行政处罚。2016年9月30日，检察机关向中国证监会发出《检察意见书》，建议对博元公司依法给予行政处罚。

2016年9月22日，珠海市香洲区人民检察院将余某某等人违规披露、不披露重要信息案移送珠海市人民检察院审查起诉。2016年11月3日，珠海市人民检察院对余某某等五名被告人以违规披露、不披露重要信息罪依法提起公诉。珠海市中级人民法院公开开庭审理本案。

| 裁判结果 |

2017年2月22日，珠海市中级人民法院以违规披露、不披露重要信息罪判处被告人余某某等五人有期徒刑1年零7个月至拘役3个月不等刑罚，并处罚金。

宣判后，五名被告人均未提出上诉，判决已生效。

| 裁判理由 |

法院认为，博元公司作为依法负有信息披露义务的公司，在2011年至2014年期间向股东和社会公众提供虚假的或者隐瞒主要事实的财务会计报告，或者对依法应当披露的其他重要信息不按照规定披露，严重损害股东或者其他人的利益，情节严重；被告人余某某、陈某作为公司直接负责的主管人员，被告人伍某某、张某某、罗某某作为其他直接责任人员，其行为均构成违规披露、不披露重要信息罪。

（二）律师评析

单位犯罪在我国《刑法》中有较多的规定，但是有的罪名是不存在单位犯罪的。在不存在单位犯罪的情形下，就需要追究直接责任人员的刑事责任。

1. 违规披露、不披露重要信息犯罪不追究单位的刑事责任

上市公司所涉利益群体具有多元性、复杂性，为避免中小股东利益遭受损害、保护市场秩序，《刑法》第 161 条规定对违规披露、不披露重要信息罪只追究直接负责的主管人员和其他直接责任人员的刑事责任，不追究单位的刑事责任。因此本案中，余某某、陈某作为博元公司直接负责的主管人员，伍某某、张某某、罗某某作为其他直接责任人员，已构成违规披露、不披露重要信息罪，检察院提起公诉的同时决定不追究单位的刑事责任，对博元公司依法不予起诉。

对于此类犯罪案件，尤其应当注意区分刑事责任边界，准确把握责任主体的对象和范围。

2. 违规披露、不披露重要信息的，对单位应给予行政处罚

对于违规披露、不披露重要信息的单位，不追究其刑事责任并不代表其不需要承担任何法律责任，否则容易使社会公众产生单位对违规披露、不披露重要信息没有任何法律责任的误解，这种误解会进一步影响证券市场秩序。对存在违规披露、不披露重要信息行为却无法追究刑事责任的单位，人民检察院应当依法提出检察意见督促有关机关追究其行政责任。检察机关在审查起诉时，对需要给予行政处罚的单位，将向证券监督管理部门提出检察意见，消除社会公众因检察机关不追究违规披露、不披露重要信息单位刑事责任所可能产生的单位无任何责任的误解，避免对证券市场秩序造成负面影响。

本案中，珠海市香洲区人民检察院认为依照《刑法》规定不能追究博元公司的刑事责任，但对博元公司需要给予行政处罚，遂向中国证监会发出《检察意见书》，建议对博元公司依法给予行政处罚。

（三）相关法条及司法解释

《中华人民共和国刑法》

第三十条 公司、企业、事业单位、机关、团体实施的危害社会的行为，法律规定为单位犯罪的，应当负刑事责任。

第三十一条 单位犯罪的，对单位判处罚金，并对其直接负责的主管人员和其他直接责任人员判处刑罚。本法分则和其他法律另有规定的，依照规定。

第一百六十一条　依法负有信息披露义务的公司、企业向股东和社会公众提供虚假的或者隐瞒重要事实的财务会计报告，或者对依法应当披露的其他重要信息不按照规定披露，严重损害股东或者其他人利益，或者有其他严重情节的，对其直接负责的主管人员和其他直接责任人员，处五年以下有期徒刑或者拘役，并处或者单处罚金；情节特别严重的，处五年以上十年以下有期徒刑，并处罚金。

前款规定的公司、企业的控股股东、实际控制人实施或者组织、指使实施前款行为的，或者隐瞒相关事项导致前款规定的情形发生的，依照前款的规定处罚。

犯前款罪的控股股东、实际控制人是单位的，对单位判处罚金，并对其直接负责的主管人员和其他直接责任人员，依照第一款的规定处罚。

《中华人民共和国证券法》（2019 年修订）

第五十六条　禁止任何单位和个人编造、传播虚假信息或者误导性信息，扰乱证券市场。

禁止证券交易场所、证券公司、证券登记结算机构、证券服务机构及其从业人员，证券业协会、证券监督管理机构及其工作人员，在证券交易活动中作出虚假陈述或者信息误导。

各种传播媒介传播证券市场信息必须真实、客观，禁止误导。传播媒介及其从事证券市场信息报道的工作人员不得从事与其工作职责发生利益冲突的证券买卖。

编造、传播虚假信息或者误导性信息，扰乱证券市场，给投资者造成损失的，应当依法承担赔偿责任。

第一百九十三条　违反本法第五十六条第一款、第三款的规定，编造、传播虚假信息或者误导性信息，扰乱证券市场的，没收违法所得，并处以违法所得一倍以上十倍以下的罚款；没有违法所得或者违法所得不足二十万元的，处以二十万元以上二百万元以下的罚款。

违反本法第五十六条第二款的规定，在证券交易活动中作出虚假陈述或者信息误导的，责令改正，处以二十万元以上二百万元以下的罚款；属于国家工作人员的，还应当依法给予处分。

传播媒介及其从事证券市场信息报道的工作人员违反本法第五十六条第三款的规定，从事与其工作职责发生利益冲突的证券买卖的，没收违法所得，并处以买卖证券等值以下的罚款。

《最高人民检察院公安部关于公安机关管辖的刑事案件立案追诉标准的规定（二）》（2022 年修订）

第六条 ［违规披露、不披露重要信息案（刑法第一百六十一条）］依法负有信息披露义务的公司、企业向股东和社会公众提供虚假的或者隐瞒重要事实的财务会计报告，或者对依法应当披露的其他重要信息不按照规定披露，涉嫌下列情形之一的，应予立案追诉：

（一）造成股东、债权人或者其他人直接经济损失数额累计在一百万元以上的；

（二）虚增或者虚减资产达到当期披露的资产总额百分之三十以上的；

（三）虚增或者虚减营业收入达到当期披露的营业收入总额百分之三十以上的；

（四）虚增或者虚减利润达到当期披露的利润总额百分之三十以上的；

（五）未按照规定披露的重大诉讼、仲裁、担保、关联交易或者其他重大事项所涉及的数额或者连续十二个月的累计数额达到最近一期披露的净资产百分之五十以上的；

（六）致使不符合发行条件的公司、企业骗取发行核准或者注册并且上市交易的；

（七）致使公司、企业发行的股票或者公司、企业债券、存托凭证或者国务院依法认定的其他证券被终止上市交易的；

（八）在公司财务会计报告中将亏损披露为盈利，或者将盈利披露为亏损的；

（九）多次提供虚假的或者隐瞒重要事实的财务会计报告，或者多次对依法应当披露的其他重要信息不按照规定披露的；

（十）其他严重损害股东、债权人或者其他人利益，或者有其他严重情节的情形。

后 记

我国证券、期货市场经历了 30 余年的发展已经深度融合到经济社会运行中，也成为人们关注的热门。随着证券、期货市场的大发展，金融领域的违法犯罪现象层出不穷，并呈现出新的特点。与世界发达国家的立法过程一样，我国刑事立法对证券、期货市场的介入有一个渐进式的过程，在这个过程中，立法中的一些不协调之处逐渐得到改善。

证券犯罪属于专业性犯罪，且存在很大的隐蔽性，打击和防范该类违法犯罪对技术性要求很高。证券犯罪涉及的《刑法》罪名主要包括内幕交易、泄露内幕信息罪，利用未公开信息交易罪，有价证券诈骗罪，欺诈发行证券罪，操纵证券、期货市场罪，等等。从司法实践来看，我国证券犯罪的罪名以及案件数量是比较少的。

2020 年 11 月 2 日，中央全面深化改革委员会第十六次会议审议通过《关于依法从严打击证券违法活动的若干意见》，这表明政策面对证券违法犯罪释放出了"零容忍"的强烈信号。与之相对应的是，《刑法修正案（十一）》也加大了对证券犯罪的打击力度。

2021 年，中共中央办公厅、国务院办公厅印发《关于依法从严打击证券违法活动的意见》，明确要求依法从严打击证券违法活动。2021 年全年证监会共办理相关案件 609 起，其中重大案件 163 起；向公安机关移送涉嫌犯罪案件（线索）177 起，移送犯罪嫌疑人 419 人，移送案件（线索）数量比上一年大幅增加。作为法律服务工作者，研究证券领域的违法犯罪案例，既可以为广大证券市场参与主体依法合规经营提供参考和借鉴，也可以供广大律师同人执业交流。除了依法合规执业，律师还应当履行社会责任。为此，我们加强了对证券领域违法犯罪的研究，研究证券违法犯罪案例并编辑本书，通过专业研究成果来普及法律知识。这就是用专业力量履行社会责任和贡献公益力量。希望我们的研究成果对广大证券市场参与主体有所启发，使广大读者有收获。

　　本书选择一些典型案例对证券领域的违法犯罪行为进行了解析，案例的分析重点不是揭示案件发生的来龙去脉，而是以案例为典型，说明相关犯罪的构成要件，并研究如何防范。

　　本书编写的同事和分工如下：赵玉来编写第一章和第五章，解珏编写第二章，李聿钊编写第三章和第七章，王敏编写第四章，唐弘易编写第六章，冯丹阳编写第八章和第九章，熊梦颖编写第十章和第十一章。

　　时值四月下旬，祝全国人民早日战胜疫情，过上正常生活。祝福祖国繁荣昌盛，人民幸福！

　　是为后记。

2022 年 4 月 26 日于康达律所